# WORKING with KOREANS

박성민
홍희경
김성탁

박영story

PREFACE

# 들어가는 글

**843,402명**

위의 숫자는 어떤 인원수일까? 바로 한국에서 취업하여 일하고 있는 외국인 근로자 수이다. 2023년 12월 31일 기준, 한국에서 취업한 외국인 근로자는 449,402명이다. 이는 전년 대비 10.5% 증가한 수치이다. 한국에 취업한 외국인 근로자는 크게 전문인력과 단순기능인력으로 나눌 수 있다. 전문인력은 196,359명으로 전체 취업 외국인 근로자의 44%를 차지하고, 단순기능인력은 253,043명으로 전체 취업 외국인 근로자의 56%를 차지하고 있다. 전문인력은 주로 IT, 의료, 교육, 연구개발 등의 분야에서 근무하고 있다. 단순기능인력은 주로 한국인이 기피하는 제조업, 농업, 건설 등의 분야에서 근무하고 있는 상황이다.

2023년 기준으로 한국의 합계출산율은 약 0.7명으로, 통계 작성 이래 역대 최저치를 기록했다. 이는 여성 한 명이 평생 낳을 것으로 예상되는 출생아 수가 0.7명이라는 뜻으로, 한 세대가 유지되기 위해서는 2.1명이 필요한 것을 감안하면, 한국 인구가 급격히 감소할 수 있는 상황인 것이다. 외국인 근로자의 증가는 이러한 한국의 고령화와 저출산에 따른 노동력 부족을 해소하는 데 기여하고 있고 이제 외국인 노동자는 한국 경제를 뒷받침하는 중요한 인적자원으로 부상하고 있다. 이뿐 아니라, 외국인 근로자의 유입과 이로 인한 Working with Foreigners와 Working with Korean의 확대는 한국 전체의 문화 다양성을 증진하는 데에도 기여하고 있다.

무엇보다 이러한 상황에서 대한민국의 '신 부민강국'을 위해서 가장 먼저 필요한 것이 인구절벽 해소라는 각계의 목소리가 커지고 있다. 한국 정부는 이민청 신설을 '인구절벽'을 넘어 '인구소멸'로 치닫는 현재 상황에 주요한 돌파구로 보고 있다. 하지만, 이러한 상황에도 불구하고 아직까지 일부 한국인들은 외국인 근로자에 대해 부정적인 생각을 갖거나 외국인과 함께 일하는 Working with Foreigners와 Working with Korean를 언어와 문화적 차이와 장벽을 느끼며 어려워하는 분들을 주위에서 어렵지 않게 목격할 수 있다. 이러한 외국인과의 협업에 대한 부정적인 생각은 때로는 누군가의 편견으로 이어져 악의적 목적성을 띤 '가짜뉴스'로 확장되기도 한다. 소위 '외국인 노동자가 내국인 일자리를 빼앗고 있다'는 인식이 아직도 존재한다. 인력이 부족해 외국인 노동자가 더 필요하다는 정부와 외국인 노동자가 오히려 내국인 일자리를 빼앗고 있다는 주장이 엇갈리는 상황인 것이다.

그렇다면 80만 명이 넘는 외국인 취업자들은 모두 어디서 어떻게 일하고 있을까? '외국인 노동자가 내국인 일자리를 빼앗고 있다'는 인식이 사실에 부합하는지 여부를 따져보려면 외국인 노동자가 일하는 곳이 평소 한국인도 취업하고 싶어 하고 적극 지원하는 곳인지 살펴볼 필요가 있다. 왜냐하면 '빼앗는다'는 의미가 '남의 것을 억지로 제 것으로 만드는 것'을 뜻하기 때문이다. 평소 한국인이 눈여겨보지 않았던 일자리에 다수의 외국인이 들어가서 일하는 것이라면 그건 일자리를 '빼앗는 것'이 아니라 '보완하는 것'일 수 있다. 그리고 이러한 보완은 한국인을 위해서도 필요한 일자리인 것이다. 외국인 노동자 고용이 우리 일자리, 고용시장에 어떤 영향을 미치는지에 대해 학계의 연구가 진행되고 있지만 아직 명확하게 결론이 나진 않았다. 분석 대상과 방법·표본·데이터 해석에 따라 결과가 크게 달라지는 데다 과거 연구결과가 현재의 고용시장에 그대로 적용될 수 있는 것도 아니기 때문이다. 그래서 연구자들 사이에서는 그래서 객관적 연구가 어려운 주제라는 말도 나오는 것이 현실이다. 다만, 대체적으로 아직까지 외국인 노동자가 한국인 고용에 부정적 영향을 미친다는 증거가 나온 연구는 거의 전무한 상황이기에 외국인 근로자가 한국인 근로자의 일자리를 빼앗는다는 인식은 가짜 뉴스인 것이다.

외국인 노동자 문제는 대한민국 노동시장에 이미 큰 영향을 미치고 있고 저출산·고령화 심화에 따라 앞으로 더 중요해질 수밖에 없다. 그래서 특별한 근거 없이 막연히 '그럴 것이다'라고 주장하는 것은 경계할 필요가 있는 것이다. 문제의 핵심을 엉뚱한 곳에서 찾으면 제대로 된 해법이 나올 수 없다. 시대변화에 기민하게 대처하지 못하면 단순히 노동 문제에서 끝나는 것이 아니라 자칫 사회문제로 비화될 수 있는 것이다. 이제는 이러한 가짜뉴스에서 벗어나 대한민국의 현재 그리고 미래의 문제를 풀기 위해 외국인과 한국인의 적극적으로 함께 일하는 방법을 찾아야 한다. 그리고 외국인과 한국인이 함께 일하는 이른바 Working with Koreans 방법을 한국인과 일하는 외국인과 공유해야 한다. 한국에서 한국인과 일하는 방법을 외국인에게 '스스로 찾아라 하고 빨리 적응하라'고 하는 것은 무배려이고 함께 일하고자 하는 태도가 아니다. 단순히 언어와 문화 차이뿐 아니라 눈에 보이지 않는 차이가 너무 많이 존재하기에 Working with Koreans의 방법을 이 책의 공동저자분들과 찾아서 정리해보고자 했다. 물론 이제 그 시작에 불과하기에 이 저서가 Working with Koreans의 모든 어려움을 해결할 수 있을 것이라고는 생각지 않는다. 지금 초국적자본과 선진국들, 즉 세계의 지배집단들은 자본과 상품뿐 아니라 노동의 자유로운 이동이 완벽하게 보장되는 국제질서를 만들어내기 위해 동분서주하고 있다. '세계화'라는 당연한 흐름에서 한국이 성공하기 위해서는 외국인 노동력의 자유로운 이동을 보장할 뿐 아니라 함께 하는 방법을 공유해야 한다. 외국인노동자의 체류와 취업을 제한하고 차별하는 것은 인류가 지구상에 등장한 이후 끊임없이 계속된 이주의 관행을 거스르는 것이며 인간의 기본적 생존권을 부인하는 것이다. 이제 함께 일하는 방법을 찾고 이를 실천해야 한다.

25년 이상 대한민국의 인적자원개발 전문가로 활동 중이신 KMA 김성탁 실장님과 20년 가까이 문화적 다양성에 관심을 가지고 취재를 해오신 서울신문 홍희경 부장님은 그분들의 바쁜 업무로 쉽지 않은 상황에서도 기꺼이 이 책을 위해 공동 집필을 함께 해주셨다. 함께 해주신 두 공동저자분들에게 감사와 경의를 표하며, 정말 빠르게 출판을 적극적으로 지원해주신 박영스토리 노현 대표님과 정말 엄청난 속도로 책을 편집해 주신 전채린 차장님에게도 뜨거운 감사의 인사를 전하고 싶다.

대한민국의 새로운 미래를 위해 외국인과 한국인의 국적 구분을 떠나 서로를 귀하게 여기는 동반자 관계를 기대하며 1년 간 준비한 원고의 마침표를 찍는다.

외국인과 한국인의 행복한 협업을 기원하며
저자를 대표하여 박성민

CONTENTS

# 차 례

## CHAPTER 01 프롤로그 : 한국과 글로벌



## CHAPTER 02 한국인의 사고방식 : 한국인의 전형적인 사고방식

## CHAPTER 03 Working with Koeans 1
### : 일하는 방식의 차이



## CHAPTER 04 Working with Koeans 2
### : 생활방식의 차이



## CHAPTER 05 Working with Koeans 3
### : 문화적 차이

## CHAPTER 06 Working with Koeans 4

### : 한국인과 일할 때 주의해야 할 사항



## CHAPTER 07 에필로그

### : 한국인과 일하기 성공 및 실패 사례

CHAPTER
# 01

# 프롤로그
## : 한국과 글로벌

## 1. 한국 글로벌의 역사

매년 3월 1일은 한국에서 가장 중요한 기념일로 일제강점기 하에서 한국의 독립운동을 기리는 날이다. 그런데 1963년 3월 1일은 그냥 3.1절이 아니었다. 한국기업 최초의 해외법인인 대우전자 미국법인이 1963년 3월 1일에 설립되었기 때문이다. 당시 대우전자는 미국의 전자제품 판매업체인 맥쿼리사와 합작하여 설립하였으며, 미국 시장 진출을 위한 거점으로 활용되었다. 이 시기에 대우전자 미국법인에 파견된 한국인 주재원은 해외사업의 어려움뿐 아니라 Working with Foreigners와 Working with Koreans의 문제에 직면하게 되었다. 당시 한국기업의 최초 해외법인이었기에 미국으로 파견된 한국 주재원들은 해외사업의 어려움은 예상하였으나, Working with Foreigners와 Working with Koreans의 문제는 예상하지 못한 어려움이었다. 영어라는 언어적 장벽과 미국시장이라는 시장의 어려움은 예상하였으나 Working with Foreigners와 Working with Koreans 즉, 한국인이 외국인과 일하면서 겪게 되는 문화적 장벽과 일하는 방식 등의 차이에서 오는 글로벌 갈등은 당시 예상치 못한 문제였다. 당시 미국에 파견된 한국인 주재원은 이러한 인터뷰를 남겼다. “내가 예상했던 미국이 아닙니다. 문화적 장벽으로 인해 외국인 직원들과 일하는 방식, 생각하는 방식이 달라서 함께 일을 하려면 이러한 문제부터 해결해야 하네요. 여기 오기 전에는 생각지 못했던 문제입니다.” 이 말은 남긴 한국인 주재원은 어떻게 되었을까? 이후 대우그룹에서는 Working with Foreigners와 Working with Koreans의 문제를 외국어 이외에도 해외주재원 파견의 중요한 기준으로 삼았다. 즉, 외국어를 잘하는 것뿐 아니라 해외에 한국인이 파견되어 외국인과 함께 협업할 수 있는 자질과 능력을 해외주재원 선발의 주요 기준으로 삼았던 것이다. 이후 대우그룹은 글로벌 성공 가도를 달리게 된다.

1969년 한국 기업 최초로 합작이 아닌 형태로 호주 시드니에 해외 지사를 세웠고, 1975년 한국의 종합상사 시대를 연 이후 대우는 국내 중소기업의 수출 창구가 됐다. 1973년에는 영진토건을 인수해 대우개발로 바꾸고, 대우실업과 합쳐 그룹의 모기업격인 (주)대우를 출범시켰다. 1976년에는 옥포조선소를 대우중공업으로 만들었고, 1974년 인수한 대우전자와 1983년 대한전선 가전사업부를 합쳐 대우전자를 그룹의 주력으로 성장시켰다.

〈세계는 넓고 할 일은 많다〉라는 대우그룹 김우중 회장의 저서대로 대우그룹은 에콰도르(1976년), 수단(1977년), 리비아(1978년) 등 아프리카 시장 진출을 통해 해외사업의 터를 닦았다. 거침없는 확장 경영의 결과 창업 15년 만에 대우는 자산 규모 국내 4대 재벌로 성장했다. 해외영업에서 남다른 수완을 발휘한 김우중 회장은 Working with Foreigners와 Working with Koreans를 강조하는 기업인으로 주목받았다. 1990년대 소련의 붕괴와 동유럽의 몰락을 계기로 폴란드와 헝가리, 루마니아, 우즈베키스탄 등지에서 자동차공장 등을 인수하거나 설립하며 세계경영을 더욱 본격화했다. 1998년 말, 대우그룹은 전 세계에 3백 96개 현지법인을 포함해 해외 네트워크가 모두 5백 89곳에 달했고 해외고용 인력은 15만 2천 명을 기록했다. 당시 김우중 회장은 연간 해외 체류기간이 280일을 넘기는 것으로 유명했다. 그러나 1997년 11월 닥친 외환위기로 대우그룹의 세계경영 신화는 멈췄다. 김대중 정부 경제관료들과의 갈등과 마찰을 빚으면서 붕괴가 빨라졌다. 1998년 3월 전경련 회장을 맡은 김 전 회장은 '수출론'을 집중 부각했지만, 관료들과 갈등은 여전했고 오히려 개혁의 대상으로 내몰리는 상황을 맞았다. 1998년 당시 그룹 구조조정의 최우선 핵심사안으로 꼽혔던 대우차-제너럴모터스(GM) 합작 추진이 흔들렸고, 금융당국의 기업어음 발행한도 제한 조치에 이어 회사채 발행제한 조치까지 내려져 급격한 유동성 위기에 빠졌다. 대우그룹은 1999년 말까지 41개 계열사를 4개 업종, 10개 회사로 줄인다는 구조조정 방안을 제시했지만, 1999년 8월 모든 계열사가 워크아웃 대상이 되면서 끝내 해체됐다. 김 회장은 대우그룹 분식회계를 주도한 혐의로 2006년 징역 8년 6월과 벌금 1천만 원, 추징금 17조 9천 2백 53억 원을 선고받고 복역하다 2008년 1월 특별사면됐다. 그러나 대우그룹은 여전히 한국 대표기업 대우라는 이름에는 '최초'라는 수식어가 많이 따라다닌다. 세계시장을 개척할 때도 마찬가지다. 1975년 종합무역상사 시대가 열리자 대우는 수단과 나이지리아, 리비아 등 아프리카 시장을 개척

했고 1992년 한국과 중국의 수교가 이뤄지기 7년 전 중국에 들어가 1987년 이미 한국기업 최초로 합작법인을 설립했다. 김우중 회장은 노태우 정부 때 특사 자격으로 북한을 방문해 1991년 12월 남북기본합의서 체결의 가교역할을 했다. 1992년 1월 북한을 공식 방문하고 돌아오며, '가보고 싶었던 마지막 남은 시장이 여기 북한이라는 생각을 했다'고 한다. 외환위기 당시 대규모 부실로 1999년부터 해체 수순에 들어갔으나 현 한화 오션(이전 이름 대우해양조선), 대우건설, 한국GM 등 주요 관계사들은 여전히 한국 제조업 각 분야를 대표하는 기업들이다. 1998년 대우그룹에 사망선고가 내려지지 않았다면 김우중 회장은 어디까지 나아갔을까? 세계경영 속 무리한 투자와 과다한 부채가 발목을 잡았다고 하지만, 경제관료들의 정치적 판단 오류 때문에 기획해체된 것이라는 의견도 있다. 김우중 회장은 2014년 신장섭 싱가포르국립대 교수가 집필한 대화록 〈김우중과의 대화 –아직도 세계는 넓고 할 일은 많다〉를 통해 대우그룹의 '기획 해체론'을 주장했다. IMF 시절 구조조정을 맡았던 이헌재 금융감독위원장은 김 회장에 대해 "세상을 누비면서 본 그는 두려움이 없는 사람이었다. 어디 두려움뿐이랴. 한계도 없고 사고방식도 독특했다"고 표현했다.

이후 베트남에서 청년사업가 양성에 주력했던 김우중 회장은 과거 본인이 시장을 개척한 베트남을 '제2의 고향'으로 삼아 머물며 동남아에서 인재양성 사업인 '글로벌 청년 사업가(Global Young Business Manager)' 프로그램에 주력했다. "청년들의 해외진출을 돕는 GYBM 교육사업의 발전적 계승과 함께 연수생들이 현지 취업을 넘어 창업으로 연결될 수 있도록 프로그램을 체계화해줄 것"을 유지로 남기고 영면에 들어갔다. 마지막에 유지로 남긴 사항도 결국 대우그룹의 글로벌 성공에 영향을 준 Working with Foreigners와 Working with Koreans를 할 수 있는 한국인 인재의 양성이었다. 이러한 대우그룹의 절반의 성공은 한국의 글로벌화의 큰 기폭제가 되었을 뿐 아니라, 글로벌 사업의 성공은 한국인과 외국인이 얼마나 함께 잘 일할 수 있느냐라는 중요한 과제를 남겼다.

대우그룹의 해외진출은 다른 기업의 글로벌화에도 큰 영향을 주었다. 1964년에는 삼성전자가 일본에 현지법인을 설립하였으며, 1965년에는 현대자동차가 미국에 지사를 설립하는 등 한국기업의 해외진출이 본격화되기 시작했다. 대우그룹이 시작한 한국기업 최초의 해외법인의 설립은 한국 경제의 글로벌화를 가속화하는 계기가 되었다. 한국기업은 해외법인을 통해 해외시장을 개척하고, Working with Foreigners와 Working with Koreans를 본격적으로 시작하면서 글로벌 경쟁력을 강화해 나가기 시작했다. 이러한 한국기업의 글로벌 도전의 역사는 크게 세 시기로 나눌 수 있다.

### (1) 1960~1980년대: 해외시장 개척

앞에서 언급한 대로 한국기업의 글로벌화는 1960년대부터 시작되었다. 당시 한국정부는 수출주도형 경제성장을 추진하고 있었고, 이에 호응한 기업들은 해외시장 개척을 통해 성장을 모색했다. 초기에는 주로 중소기업들이 주도했으며, 주로 OEM(주문자 상표 부착 생산)[1] 방식으로 해외시장에 진출했다. 대표적인 사례로는 1960년대 삼성전자의 흑백 TV 수출, 1970년대 대우전자의 냉장고 수출, 1980년대 현대자동차의 자동차 수출 등이 있다.

### (2) 1990년대 이후: 해외투자 확대

1990년대 이후 한국기업은 해외투자를 확대하기 시작했다. 이는 한국 내수시장의 포화와 글로벌 경쟁 심화로 인한 것이다. 해외투자의 형태는 다양했으며, 주로 생산, 판매, 연구개발(R&D) 등 다양한 분야에 진출했다. 대표적인 사례로는 1990년대 삼성전자의 미국 반도체 공장 설립, 1990년대 LG전자의 중국 가전 공장 설립, 2000년대 현대자동차의 미국 자동차 공장 설립 등이 있다.

### (3) 2010년대 이후: 글로벌 선도기업 도약

2010년대 이후 한국기업은 글로벌 선도기업으로 도약하기 시작했다. 이는

1) OEM 방식은 Original Equipment Manufacturer의 약자로, 주문자 상표 부착 생산을 의미한다. 이 방식은 한 회사(OEM 업체)가 다른 회사(주문자)의 브랜드로 제품을 생산하여 납품하는 생산 방식이다.

한국 기업이 '신속한 추격자(fast follower)' 전략을 버리고 '선점자(first mover)' 전략으로 가는 것이다. 즉, 한국기업들이 다른 글로벌 기업의 사업과 제품을 가장 먼저 모방하는 Fast Follower에서 다른 글로벌 기업보다 먼저 도전하는 First Mover로의 변신을 의미한다. 이 같은 변화는 기술력과 경영 역량의 축적, 글로벌 시장의 확대 등으로 인한 것이다. 한국기업은 글로벌 시장에서 다양한 분야에서 두각을 나타내고 있으며, 세계 경제에서 중요한 역할을 하고 있다. 이러한 글로벌 전략의 변화는 한국기업이 한국뿐 아니라 세계 각지에서 Working with Foreigners와 Working with Koreans를 하면서 글로벌 노하우 및 역량을 축적하면서 가능해진 것이다.

대표적인 사례로는 삼성전자의 반도체와 스마트폰, LG전자의 TV와 가전제품, 현대자동차의 자동차, SK하이닉스의 반도체 등이 있다.

한국기업의 글로벌화는 한국 경제의 성장과 발전에 중요한 역할을 해 왔다. 한국기업의 글로벌화는 앞으로도 지속될 것으로 예상되며, 한국 경제의 글로벌 경쟁력 강화에 기여할 것이고 더 많은 기업들이 Working with Foreigners와 Working with Koreans가 글로벌화의 중요한 과제로 부상되고 있다.

## 2. 한국 글로벌화의 추세 및 특징

한국의 글로벌화는 앞에서 언급한 대로 1960년대부터 한국정부 주도의 수출주도 경제성장 정책에 맞물려 한국기업들의 해외진출을 통해 본격적으로 시작되었다. 한국은 1960년대부터 수출주도형 경제성장을 통해 경제 발전을 이룩해 왔다. 이러한 경제 발전의 가장 큰 배경은 글로벌화의 영향이다. 한국은 세계 무역의 자유화를 적극적으로 추진하고, 외국인 투자를 유치하여 글로벌 시장에 진출했다. 그 결과, 한국은 세계 10위권의 무역 강국으로 성장하였다. 한국의 글로벌화 추세는 다음과 같이 요약할 수 있다.

**표 1-1 한국기업의 글로벌화 추세**

| | |
|---|---|
| 01 | 무역 개방의 확대 |
| 02 | 외국인 투자의 증가 |
| 03 | 글로벌 진출 |

① **무역 개방의 확대:** 한국의 무역 개방도는 세계 평균보다 높다. 2022년 기준 한국의 수출액은 GDP의 58.4%에 달하고 있다.

② **외국인 투자의 증가:** 한국은 외국인 투자 유치를 위해 적극적인 정책을 펼쳐왔고, 2022년 기준 한국의 외국인 직접투자는 GDP의 2.9%에 달하고 있다.

③ **글로벌 진출:** 한국은 글로벌 기업들의 주요 투자처로 부상했다. 삼성, 현대자동차, SK, LG 등 한국의 대표 기업들은 세계 시장에서 활약하고 있다. 이로 인해 한국기업들은 더욱더 Working with Foreigners와 Working with Koreans의 문제가 대두되고 있다. 해외진출을 한 기업들은 당연히 해외법인 및 사무소를 설치하여 한국인 주재원이 파견되어 주재원들이 파견국의 외국인 직원들과 고객들은 협업을 해야 했고, 최근에는 국내의 기업들과 글로벌화와 외국인 근로자의 증가에 따라 해외에서뿐 아니라 한국 내에서도 Working with Foreigners와 Working with Koreans는 보편적인 문제가 되고 있다.

**843,402명**

위의 숫자는 어떤 인원수일까? 바로 한국에서 취업하여 일하고 있는 외국인 근로자 수이다. 2023년 12월 31일 기준, 한국에서 취업한 외국인 근로자는 843,402명이다. 이는 전년 대비 10.5% 증가한 수치이다. 한국에 취업한 외국인 근로자는 크게 전문인력과 단순기능인력으로 나눌 수 있다. 전문인력은 196,359명으로 전체 취업 외국인 근로자의 44%를 차지하고, 단순기능인력은 253,043명으로 전체 취업 외국인 근로자의 56%를 차지하고 있다. 전문인력은 주로 IT, 의료, 교육, 연구개발 등의 분야에서 근무하고 있다. 단순기능인력은 주로 한국인이 기피하는 제조업, 농업, 건설 등의 분야에서 근무하고 있는 상황이다.

2023년 기준으로 한국의 합계출산율은 0.7명으로, 통계 작성 이래 역대 최저치를 기록했다. 이는 여성 한 명이 평생 낳을 것으로 예상되는 출생아 수가 0.7명이라는 뜻으로, 한 세대가 유지되기 위해서는 2.1명이 필요한 것을 감안하면, 한국 인구가 급격히 감소할 수 있는 상황이다. 외국인 근로자의 증가는 이러한 한국의 고령화와 저출산에 따른 노동력 부족을 해소하는 데 기여하고 있고 이제 외국인 노동자는 한국 경제를 뒷받침 하는 중요한 인적자원으로 부상하고 있다. 이뿐 아니라, 외국인 근로자의 유입과 이룬 인한 Working with Foreigners와 Working with Koreans의 확대는 한국 전체의 문화 다양성을 증진하는 데에도 기여하고 있다.

이러한 한국의 글로벌화 추세는 한국 경제에 다음과 같은 영향을 미치고 있다.

**표 1-2 글로벌화에 한국경제에 미치는 영향**

| | |
|---|---|
| 01 | 경제성장 견인 |
| 02 | 기술혁신의 촉진 |
| 03 | K문화의 확산 |

① **경제 성장의 견인:** 한국기업의 글로벌화는 한국 경제의 성장을 견인하는 주요 동력으로 작용하고 있다. 수출의 확대와 외국인 투자 및 Working with Foreigners와 Working with Koreans의 증가는 한국 경제의 규모를 키우고 내외국인 모두의 고용 창출에 기여하고 있다.

② **기술 혁신의 촉진:** 글로벌화는 한국 기업들의 기술 혁신을 촉진하였다. 글로벌 시장에서 경쟁하기 위해서는 기술 경쟁력을 갖추어야 하기 때문이다. 한국 기업들은 글로벌 기업들과의 협력을 통해 기술 혁신을 이루었다. 이를 통해 앞에서 언급한 대로 한국기업들은 다른 글로벌 기업의 사업과 제품을 가장 먼저 모방하는 Fast Follower에서 다른 글로벌 기업보

다 먼저 도전하는 First Mover로의 변신을 모색할 수 있게 되었다.

③ **K문화의 확산:** 한국의 문화는 글로벌화를 통해 세계에 확산되었다. 한국의 드라마, 영화, 음악 등은 전 세계적으로 인기를 얻고 있다. 한국의 문화 확산은 한국의 국가 이미지를 제고하는 데 기여하고 있다.

하지만 최근에는 글로벌화의 흐름이 다소 둔화되고 있다. 2021년 발발한 우크라이나전쟁과 2023년 발발한 이스라엘-하마스와의 전쟁 등으로 인한 세계 경제의 불확실성 증가, 미국-중국의 G2 갈등으로 인한 보호무역주의의 확산 등이 그 원인이다. 이러한 변화에도 불구하고, 한국은 글로벌화가 국가유지와 경제발전을 위한 중요한 동력이기 때문에 글로벌화를 통한 지속 가능한 경제 발전을 모색하고 있고 이에 따라 한국기업뿐 아니라 한국 국민 모두에게 Working with Foreigners와 Working with Koreans는 선택에 아닌 의무의 문제가 되고 있다.

향후 한국의 글로벌화 추세는 다음과 같은 방향으로 전개될 것으로 전망된다.

**표 1-3 한국의 글로벌화 추세**

| | |
|---|---|
| 01 | 고부가가치 산업으로의 전환 |
| 02 | 글로벌 공급망의 재편에 대응 |
| 03 | 글로벌 협력의 강화 |

① **고부가가치 산업으로의 전환:** 한국은 단순 제조업에서 벗어나 고부가가치 산업으로의 전환을 추진하고 있다. 이를 위해 국내뿐 아니라 전 세계적으로 연구개발 투자를 확대하고, 첨단 기술을 개발하는 데 주력하고 있다.

② **글로벌 공급망의 재편에 대응:** 2015년 이후 미국-중국 G2의 갈등이 본격화하면서 글로벌 공급망의 재편이 이루어지고 있다. 한국은 이러한 변화에 대응하기 위해 공급망의 다변화를 추진하고 있어 기존 중국과 동남아시아에 집중된 해외생산기지와 해외시장개척을 다변화하고 있다.

③ **글로벌 협력의 강화:** 한국은 글로벌 협력을 강화하여 글로벌 경제에서의 위상을 강화하고 있다. 앞에서 언급한 대로 K문화의 전 세계적인 확산에 편승하여 국제기구에서의 활동을 확대하고, 글로벌 규범 형성에 적극 참여하고 있다. 특히, 한국은 AI 윤리, 안전, 인증 등 다양한 분야의 국제 표준화 작업에 적극적으로 참여하고 있으며, 주도적인 역할을 담당하기 위해 노력하고 있는 상황이다.

1960년대 이후 한국기업의 글로벌화에 대해 분석해보면 다음과 같은 특징을 가지고 있다.

표 1-4 한국 글로벌화의 특징

| | |
|---|---|
| 01 | 빠른 성장 |
| 02 | 다각화 |
| 03 | 글로벌 협력 |

① **빠른 성장:** 한국기업의 글로벌화는 매우 빠른 속도로 진행되었다. 1960년대부터 시작된 한국기업의 글로벌화는 2020년대 이후에는 세계 경제에서 중요한 역할을 할 정도로 성장하였다. 2024년 1월에 미국 라스베이거스에서 열린 세계 최대 가전·IT 전시회인 CES[2] 2024에서 가장 인기 있는 한국 기업은 삼성전자였다. 삼성전자는 CES 2024에서 1,900평 규모의 전시 부스를 마련하고, 다양한 혁신 제품과 기술을 선보였다. 특히, 폴더블폰 신제품인 갤럭시 Z 플립4와 갤럭시 Z 폴드4, 차세대 TV인 QD 디스플레이, 인공지능(AI) 기반 가전제품 등이 관람객들의 큰 관심을 받았다.

삼성전자에 이어 LG전자와 현대자동차도 CES 2024에서 주목받는 한국

2) CES는 Consumer Electronics Show의 약자로, 매년 1월 미국 네바다주 라스베이거스에서 열리는 세계 최대의 가전 및 기술 전시회이다. CES는 1967년 처음 개최되었으며, 전세계 전자 제조업체, 기술 스타트업, 미래 기술 애호가들이 모여 최신 기술 트렌드와 혁신을 발표하는 플랫폼으로 자리 잡았다.

기업이었다. LG전자는 차세대 올레드 TV인 C2 시리즈, 롤러블 TV인 롤러블 올레드 TV R, 인공지능(AI) 기반 가전제품 등을 선보였다. 현대자동차는 전기차 아이오닉 7, 수소전기차 넥소 플러스, 자율주행차 센슈어 S 등을 내세웠다. 이외에도 SK텔레콤, 코웨이, 파루인쇄전자 등 다양한 한국 기업들이 CES 2024에서 혁신 제품과 기술을 선보여 관람객들의 관심을 받았다.

② **다각화:** 한국기업의 글로벌화는 다양한 분야로 이루어지고 있다. 기존의 전통적인 제조업뿐만 아니라 앞서 언급한 미국 CES에서 빛을 발하고 있는 IT 이외에도 2020년 이후 금융, 서비스 등 다양한 분야에서 한국기업들이 글로벌 경쟁력을 확보하고 있다. 한국기업은 글로벌 다각화를 통해 기술력, 시장 진출, 자원 확보 등의 측면에서 성과를 거두고 있다.

### (1) 기술력 강화

한국기업은 글로벌 협력을 통해 해외 기업과의 기술 교류 및 공동 연구개발을 통해 기술력을 강화하고 있다. 예를 들어, 삼성전자는 미국의 인텔과 공동으로 차세대 반도체 기술을 개발하고 있으며, 현대자동차는 독일의 다임러와 공동으로 수소전기차 기술을 개발하고 있다.

### (2) 시장 진출 확대

한국기업은 글로벌 협력을 통해 해외 시장 진출을 확대하고 있다. 예를 들어, 삼성전자는 중국의 TCL과 합작 법인을 설립하여 중국 시장을 공략하고 있으며, 현대자동차는 인도의 타타자동차와 합작 법인을 설립하여 인도 시장을 공략하고 있다.

### (3) 자원 확보

한국기업은 글로벌 협력을 통해 해외 자원을 확보하고 있는 상황이다. 예를 들어, 포스코는 호주의 아다니그룹과 합작 법인을 설립하여 호주의 철광석 자원을 확보하고 있으며, SK하이닉스는 미국의 키옥시아와 합작 법인을 설립하여 미국의 반도체 생산 기지를 확보하고 있다.

한국기업의 중점적인 글로벌 다각화 분야는 다음과 같이 요약할 수 있다.

- **기술 분야:** 반도체, 자동차, IT 등 다양한 기술 분야에서 글로벌 협력이 활발히 진행하고 있다.
- **시장 분야:** 중국, 인도, 미국 등 주요 시장에서 글로벌 협력을 확대하고 있다.
- **자원 분야:** 원자재, 에너지 등 주요 자원 분야에서 글로벌 협력이 강화되고 있다.

③ **글로벌 협력:** 한국기업은 글로벌화를 추진하는 과정에서 다양한 협력을 통해 시너지를 창출했다. 한국정부, 연구기관, 글로벌 기업 등 다양한 이해관계자들과 협력하여 글로벌 경쟁력을 강화하고 있다. 경제 분야에서 한국 정부는 세계무역기구(WTO), 경제협력개발기구(OECD), 아시아태평양경제협력체(APEC) 등 국제기구에서 적극적인 역할을 수행하고 있다. 또한, FTA(자유무역협정)를 2024년 기준 59개국으로 확대하여 한국 기업들의 글로벌 시장 진출을 촉진하고 있다.

보건 분야에서 한국 정부는 세계보건기구(WHO), 국제백신연구소(IVI) 등 국제기구와 협력하여 글로벌 보건 위협에 대응하고 있고, ODA(공적개발원조)[3]를 확대하여 개발도상국의 보건 증진을 지원하고 있다. 환경 분야에서 한국 정부는 파리협정, 유엔기후변화협약(UNFCCC) 등 국제 기후변화 협약에 적극 참여하고

---

3) ODA는 Official Development Assistance, 즉 한국정부가 개발도상국을 경제 및 사회 발전을 돕기 위해 제공하는 공식적인 원조를 말한다. 주로 자금 형태로 제공되지만, 기술협력, 전문가 파견 등도 포함될 수 있다.
ODA의 목표는 개발도상국의 경제성장, 사회발전, 빈곤감소를 촉진하는 것이다. 이를 위해 교육, 보건, 농업, 인프라 개발 등 다양한 분야에 원조를 제공하고 있다.

있다. 또한, 녹색성장, 탄소중립 등 환경 분야의 글로벌 협력을 확대하고 있으며, 문화 분야에서 한국 정부는 한류를 통해 한국의 문화를 전 세계에 알리고 있다. 또한, ODA를 통해 개발도상국의 문화 발전도 지원하고 있다.

## 3. 한국의 글로벌화 미래와 과제

한국기업은 빠른 경제 성장과 국제 경쟁력 강화를 바탕으로 글로벌 시장 진출을 확대하여 왔다. 하지만 글로벌화를 추진하면서 다양한 문제에 직면하고 있는 상황이다. 한국 글로벌화의 주요 문제점은 다음과 같다.

표 1-5 한국 글로벌화의 문제점

| | |
|---|---|
| 01 | 문화적 차이 |
| 02 | 언어장벽 |
| 03 | 법률적 규제 |
| 04 | 지리적 거리 |
| 05 | 글로벌 경쟁 심화 |

- **문화적 차이:** 한국과 다른 문화권에서 사업을 하기 위해서는 문화적 차이를 이해하고 적응하는 것이 중요하다. 하지만 한국기업은 상대적으로 보수적인 문화를 가지고 있어 문화적 차이를 극복하는 데 어려움을 겪는 경우가 많다. 이 때문에 Working with Foreigners뿐 아니라 Working with Koreans도 함께 병행되어 문화적 차이로 인한 글로벌 갈등을 적극적으로 줄여야 할 것이다.
- **언어 장벽:** 글로벌 시장에서 성공하기 위해서는 영어 외에 해당 지역의 언어를 구사할 수 있어야 한다. 물론 최근 AI를 기반으로 스마트폰을 통해 다양한 어플리케이션으로 외국어를 지원하고 있다. 하지만 스마트폰으로 협업을 하기에는 라포형성과 적극적인 글로벌 갈등해결이 어렵기 때문에 외국어 능력은 매우 중요하다. 하지만, 한국은 영어 중심적인 외국어 교육

을 실시하고 있기 때문에 다른 지역의 외국어 구사 능력이 상대적으로 부족한 경우가 많기에 다양한 외국어를 구사할 수 있는 글로벌 인적자원 육성이 시급하다.

- **법률적 규제:** 각 국가마다 다른 법률적 규제가 적용되기 때문에 글로벌 시장 진출을 위해서는 해당 국가의 법률적 규제를 준수해야 한다. 하지만 한국기업은 해외 법률에 대한 이해가 부족한 경우가 많다. 이 또한 한국은 국내법 위주의 법조인을 양성하고 있기 때문에 미국 외에 타 지역에서의 법률적 문제대응이 쉽지 않은 상황이다. 이를 위해 미국 외 지역의 법조인을 양성하거나 한국에 유학오거나 근무하는 외국인들을 활용하여 미국 외 지역의 법률적 문제에 대응해야 할 것이다.
- **지리적 거리:** 한국은 극동지역에 위치하고 있어서 한국과 해외 시장 간의 거리가 멀기 때문에 물류비용, 시차, 문화적 차이 등 다양한 문제가 발생하고 있다. 이 때문에 한국인 적극적으로 IT를 이용한 시스템을 글로벌화에 적극적으로 이용해야 하며, 동시에 한국에서 유학하거나 근무한 외국인 인력을 적극적으로 활용해야 한다.
- **글로벌 경쟁 심화:** G2 즉, 미국과 중국의 갈등과 불확실성의 증가 등으로 인해 글로벌 시장은 경쟁이 더욱 치열해질 것이기 때문에 한국은 글로벌 경쟁력을 확보하기 위해 지속적인 노력이 필요하다. 또한 이미 언급한대로 한국은 인구감소가 예상되어 노동력 부족이 심각히 예고되는 국가이기에 외국인 노동자를 적극적으로 유치하고 활용해야 하기 때문에 Working with Foreigners뿐 아니라 Working with Koreans이 아주 필수적이다.

이렇게 빠르고 성공적으로 진행되어 온 한국기업의 글로벌화과 지속적으로 이어지기 위해서는 다음과 같은 과제해결이 필요하다.

**표 1-6 한국의 글로벌 과제**

| | |
|---|---|
| 01 | 기술력 확보 |
| 02 | 글로벌 역량 강화 |
| 03 | 글로벌 거버넌스 구축 |

- **기술력 확보:** 한국기업은 기술력 확보에 주력해야 할 것이다. 글로벌 불확실성과 함께 인구감소라는 큰 위기를 겪고 있는 한국의 상황을 볼 때 향후 글로벌 경쟁이 심화되는 상황에서 기술력 확보는 한국기업의 글로벌 경쟁력 강화를 위한 필수 요소이기 때문이다.
- **글로벌 역량 강화:** 한국기업은 글로벌 역량을 강화해야 한다. 글로벌 시장에서 성공하기 위해서는 현지 문화와 시장을 이해하고, 글로벌 경영 노하우를 축적할 필요가 있다. 이를 위해 한국인들이 외국인과 함께 협업하는 Working with Foreigners과 함께 외국인들이 한국인과 함께 협업할 수 있도록 Working with Koreans도 함께 추진될 필요가 있다. 앞에서 언급한 대로 2023년 기준으로 한국에서 취업한 외국인이 10만명이 넘었을 뿐 아니라 해외에 있는 한국기업의 해외법인 및 사무소에서 근무하는 외국인 직원의 수도 50만명에 육박하고 있기 때문에 앞서 언급한 대로 Working with Foreigners뿐 아니라 Working with Koreans도 함께 병행되어 서로 간의 이해를 증진시켜 글로벌 갈등상황을 줄이고 협업하여 글로벌 성과를 이루도록 해야 한다.
- **글로벌 거버넌스 구축:** 한국기업은 글로벌 거버넌스를 구축할 것이다. 글로벌 기업으로 성장하기 위해서는 글로벌 수준의 거버넌스를 구축하여 효율적으로 운영해야 한다. 이를 위해 한국정부는 다양한 글로벌 거버넌스를 구축하고 있는 상황이다. 2015년 출범한 한-아세안 협력공동체는 한국과 아세안 10개국이 정치, 경제, 사회, 문화 등 다양한 분야에서 협력을 강화하기 위해 노력하고 있다. 한국정부는 기존 한반도를 둘러싼 4대국(미국, 일본, 중국, 러시아) 중심의 협력에서 벗어나 한-아세안 협력체와 같은 다양한 글로벌 거버넌스를 구축해야 하기 때문에 Working with Foreigners

뿐 아니라 Working with Koreans도 함께 병행되어야 할 것이다. 이를 통해 한국기업은 언급된 글로벌 과제들을 해결해 나가는 노력을 통해 글로벌 선도기업으로 도약해 나갈 수 있을 것이다.

CHAPTER
02

# 한국인의 사고방식

## : 한국인의 전형적인 사고방식

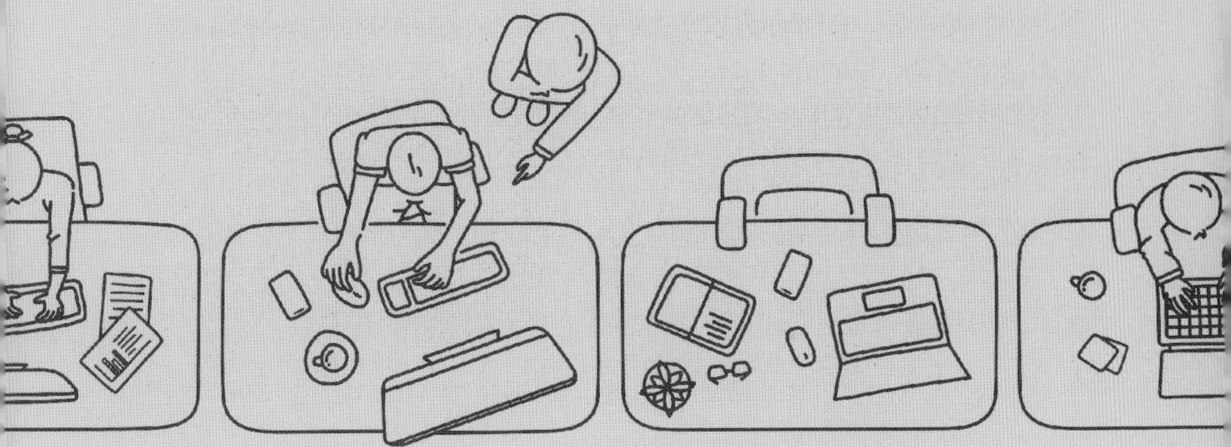

〈당신들의 대한민국〉은 2006년 한국으로 귀화한 외국인이 집필하여 한국의 민낯을 보여주어 큰 주목을 받았던 책의 제목이다. 이 책을 쓴 사람은 러시아인 티코노프 블라디미르 미하일로비치였다. 저자는 한국의 민낯을 보여주었으나 한국으로 귀화하여 박노자라는 필명으로 활약 중이다. Working with Foreigners와 Working with Koreans의 선구자라고 할 수 있는 인물이다. 박노자 씨는 1973년 2월 5일 러시아 상트페테르부르크에서 태어났으며, 모스크바 국립대학교에서 조선사학과를 졸업하고 한국외국어대학교 한국학과에서 석사 과정을 수료하였다. 이후 노르웨이 오슬로 국립대학에서 한국학으로 박사 학위를 취득했다. 박노자 씨는 한국 역사와 사회에 대한 연구와 저술로 유명하다. 그의 대표적인 저서로는 〈한국의 근대: 이념과 사회〉, 〈한국의 좌파: 역사와 이론〉, 〈박노자 한국사〉 등이 있다. 또한, 한겨레 신문, 경향신문, 오마이뉴스 등 한국의 주요 언론에 칼럼을 기고하고, 한국 사회의 문제에 대한 비판적인 목소리를 내고 있다.

박노자 씨는 한국에 귀화한 러시아인으로서, 한국과 러시아의 관계를 증진하는 데에도 기여하고 있다. 그는 2010년부터 2014년까지 한국외국어대학교에서 러시아어 교수로 재직했으며, 2014년부터는 노르웨이 오슬로 국립대학에서 러시아어 강의를 하고 있으며 여전히 Working with Foreigners와 Working with Koreans을 위한 노력을 하고 있다. 이 장에서는 박노자 씨가 느낀 대로 한국인으로서는 불편하지만 한국인의 전형적인 사고방식을 소개하여 Working with Foreigners와 Working with Koreans의 첫 단계를 시작해보고자 한다.

## 1. 한국인이 몰랐던 K사고

한국인의 전형적인 사고방식을 이해하기 위해서는 한국의 역사와 문화를 이해하는 것이 중요하다. 한국은 오랜 세월 동안 외세의 침략을 받아왔다. 이러한 역사적 경험은 한국인에게 자연스럽게 공동체 의식과 유교적 가치관을 강조하는 사고방식을 형성하게 되었다. 한국의 역사에 대해서는 4장에서 자세히 소개하고

그림 2-1 한국인의 전형적인 사고방식

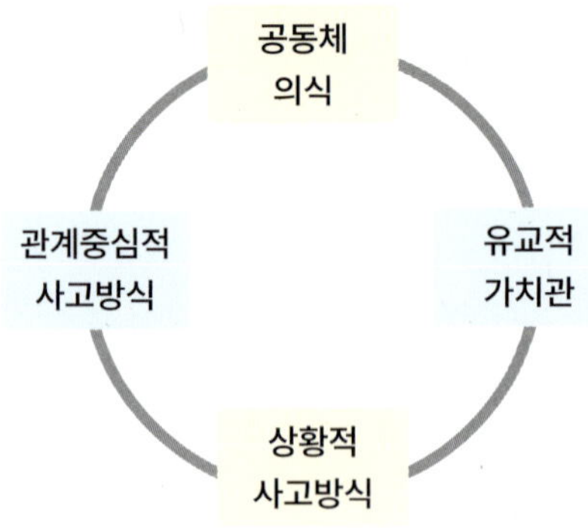


이 장에서는 한국인의 전형적인 사고방식을 몇 가지로 정리하면 다음과 같다.

### (1) 공동체 의식

한국인은 개인보다 공동체를 우선시하는 사고방식을 가지고 있다. 이를테면, 한국인은 가족, 친척, 회사, 국가 등 다양한 공동체에 소속되어 있으며, 공동체의 이익을 위해 개인의 이익을 희생할 수 있다. 그래서 한국인들은 직장에서 흔히 '대(大)를 위해 소(小)를 희생하자' 또는 '조직을 위해 개인이 희생하라'라는 말들을 듣곤 한다. 하지만, 외국인들이 이런 이야기를 들으면 이해하거나 수긍하기 쉽지 않을 것이다. 외국인 입장에서는 어떻게 다수를 위해 소수를 희생시킨다는 걸까? 왜 개인이 조직을 위해 자신을 희생해야 하는가? 등 당연히 의문을 가질 수밖에 없을 것이다. 하지만, 한국인은 소속감을 중시하며 문화적으로 '대(大)를 위해 소(小)를 희생하자' 또는 '조직을 위해 개인이 희생하라'라는 말을 하거나 듣는 데 크게 반발하지는 않는다. 물론, 한국에서는 최근 MZ세대[1]를 중심으로 이러한 공동체의식에 반발하거나 수긍하지 않는 사례들도 등장하고는 있으나 여전히 한국인의 사고에서 공동체는 개인보다 우선하는 것이 사실이다.

1) MZ세대는 밀레니얼 세대(Millennials)와 Z세대(Gen Z)의 합성어로, 대략 1981년에서 2012년 사이에 태어난 세대를 말한다.

그림 2-2 유교사상

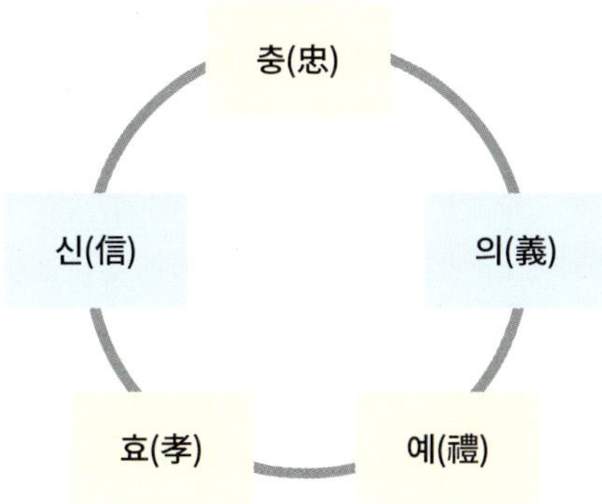


한국인은 유교적 가치관을 중요하게 생각하는 사고방식이다. 유교는 효(孝), 예(禮), 충(忠), 신(信), 의(義) 등의 가치관을 중시하는 사고이다. 한국인은 유교적 가치관을 바탕으로 사회생활을 하는 것을 당연시 한다. 유교적 가치관은 유교 사상이 강조하는 가치관이다. 유교는 중국에서 시작된 종교, 철학, 문화를 합쳐 부르는 용어로, 인간의 도덕적 삶을 강조하는 사상이다. 유교적 가치관은 한국 사회에 큰 영향을 미쳐 왔으며, 오늘날에도 원조인 중국에서보다 더 한국인의 사고방식과 행동에 많은 영향을 미치고 있다. 유교적 가치관의 주요 내용은 다음과 같다.

**효(孝):** 부모를 공경하고 부모의 뜻을 받들어 행함을 의미한다. 유교에서 효는 가장 중요한 가치관 중 하나로, 효를 실천하는 사람을 군자라고 한다.

**예(禮):** 예절을 지키고 올바른 도덕적 행위를 하는 것을 의미한다. 유교는 예를 통해 인간의 도덕성을 함양하고 사회 질서를 유지할 수 있다고 믿는다.

**충(忠):** 군주나 국가에 충성하는 것을 의미한다. 유교는 충을 통해 사회 질서를 유지하고 국가를 강하게 할 수 있다고 생각한다.

**신(信):** 약속을 지키고 믿음을 저버리지 않는 것을 의미한다. 유교는 신의를 통해 인간 관계를 유지하고 사회 질서를 유지할 수 있다고 믿는다.

**의(義):** 옳은 일을 하고 정의를 실현하는 것을 의미한다. 유교는 의를 통해 사회 질서를 유지하고 인간의 도덕성을 함양할 수 있다고 생각한다.

그림 2-3 25회 세계 스카우트 잼버리 대회(대한민국 전북 부안 새만금

## World Scout Jamboree: How troubles plagued South Korea's operation

13 hours ago

**Climate change**

Organisers have been forced to evacuate all participants from the Saemangeum campsite

이러한 유교적 가치관은 한국인의 일상생활과 사회생활에서 다양한 방식으로 나타난다. 예를 들어, 한국인은 부모나 어른을 공경하고, 예의를 중요시하기 때문에 직장 또는 사회에서 선배들이나 자신보다 웃어른에게 인사를 먼저하는 것을 당연시 하고 영어에는 없는 존대법을 사용하며, 선배들이나 웃어른의 말에 복종하는 것을 자연스럽게 생각한다. 또한, 국가에 충성하고, 약속을 지키며, 옳은 일을 하고자 노력한다. 이러한 사고방식의 일화로 2023년 한국에서 개최한 세계 잼버리 대회가 무더운 날씨와 준비부족으로 미국, 영국 등 일부 국가에서 스카우트 대원들을 부안 새만금 대회 현장에서 철수시키면서 파행의 위기에 놓이게 되었을 때, 민간기업, 종교단체, 교육시설 등에서 자연스럽게 나서서 잼버리 대회에 참가한 각국의 스카우트 대원들을 자신들의 시설이나 숙박시설을 잡아 수용하면서 대체 프로그램을 운영하면서 잼버리 대회의 파행을 막았던 사례가 대표적이다.

물론, 앞서 언급한 공동체 의식과 마찬가지로 유교적 가치관은 시대에 따라 변화하고 있다. 하지만, 유교적 가치관은 여전히 한국 사회의 중요한 토대를 이루고 있는 것이 사실이다. MZ세대의 유교적 가치관에 대한 태도는 다양하다. 일부 MZ세대는 공동체 의식과 마찬가지로 유교적 가치관을 전통적이고 보수적인 것으로 보고 부정적으로 생각하는 경향이 있다. 반면, 다른 MZ세대는 유교적 가치관의 긍정적인 측면을 인정하고 받아들이는 경향이 있다. MZ세대의 유교적 가치관에 대한 태도는 공동체 의식과 마찬가지로 앞으로 한국 사회의 변화에 중요한 영향을 미칠 것으로 예상된다.

### (2) 상황적 사고방식

한국인은 상황에 따라 유연하게 사고하는 경향이 있다. 한국인은 정해진 규칙이나 절차에 얽매이기보다는 상황에 맞는 최선의 방법을 찾으려고 한다. 한국은 20세기 초 일본에 의해 '조선(朝鮮)'이라는 독립국가의 주권을 빼앗기고 약 40년 간의 식민지배를 당하고 1945년 제2차 세계대전 종전 후, 1948년 대한민국(大韓民國)을 수립하고 앞에서 언급한 바대로 30여 년간의 빠르고 압축적인 경제성장을 이루었기 때문에 한국인의 사고는 무엇이든지 '빨리 빨리' 처리해야 했기 때문에 상황에 유연하게 문제해결을 하는 것을 당연시해왔다.

뿐만 아니라 한국의 지리적 환경도 이러한 사고방식에 영향을 끼쳤다. 한국은 산악 지형이 많고 섬이 많아 교통과 통신이 불편한 지역이 많다. 이러한 지리적 환경은 한국인에게 상황에 따라 유연하게 대처하는 능력을 만드는 바탕이 되었다. 한국인의 상황적 사고방식은 한국인의 일상생활과 사회생활에서 다양한 방식으로 나타난다. 예를 들어, 한국인은 상황에 따라 말투나 행동을 바꾸는 경향이 있다. 이 때문에 한국인은 상황에 따라 유연하게 협상하거나 타협하는 능력을 가지고 있다. 1997년 한국이 경제위기로 인해 IMF(국제통화기금)로부터 구제금융을 받아야 하는 사건이 있었다. 이를 한국에서는 'IMF사태[2]'라고 한다. 당시

2) 1997년 IMF 사태는 대한민국 경제사에서 중요한 전환점 중 하나이다. 이 시기 한국은 외환위기와 국가 부도 직전까지 몰렸다가 국제통화기금(IMF)으로부터 구제금융을 받아 위기

그림 2-4 한국의 IMF사태

한국정부는 외환위기를 겪으면서 IMF구제금융을 지속적으로 '사실무근'이라고 주장하였으나, 갑자기 태도를 바꾸면서 IMF구제금융을 신청하면서 IMF와의 협상에 매우 적극적으로 임하는 모습을 보였다(한국영화 '국가부도의 날' 참조).

이러한 한국인의 상황적 사고방식은 한국 사회의 발전에 기여한 측면도 있다. 한국인은 상황에 따라 유연하게 대처하는 능력을 바탕으로 다양한 분야에서 성공을 거두었다. 예를 들어, 한국의 대표적 대기업인 현대자동차그룹(Hyundai Motors Group)을 창립한 현대그룹 정주영 1대 회장의 사례를 이야기해보도록 하겠다.

정주영 회장은 한국의 상황적 사고방식을 활용하여 20세기 대한민국의 변화를 주도한 게임 체인저(Game Changer, 자신만의 규칙을 만들어 세상을 바꾸는 사람)였다. 한국의 중동 건설 붐이 절정에 이른 1977년 무렵, 정주영 회장은 당시 한국 박정희 대통령의 정책인 국토 확장의 정책에 따라 충청남도 서산 간척사업을 계획했다. 당시 회사의 이익과는 거리가 먼 공사였지만, 앞서 언급한 유교적 가치관에 따라 국가발전에 이바지 하고자 하는 사업으로 진행한 사업이었다. 당시 바다를 메워 땅을 만드는 과정 중 최고 난도는 자동차만 한 바위도 순간 쓸어버

---

를 극복하였다.

그림 2-5 서산간척사업(84년 2월)

리는 초속 8m의 강한 유속이 공사의 진행을 방해하고 있었다. 전문가들조차 답이 없어 보이는 상황에서도 기필코 답을 찾아냈던 정주영회장은 이른바 '정주영 공법'을 탄생시켰다. 역사적으로 전무후무한 발상으로 [그림 2-5]와 같이 폐기된 유조선(폐유조선)을 이용하여 방조제 공사에 필수인 초속 8m의 강한 유속에 대한 물막이에 성공한 현대건설은 전체 한국국토의 1%에 해당하는 약 1만 6,000ha의 토지를 더 확보할 수 있었다. 다음은 정주영 회장의 상황적 사고방식을 확인할 수 있는 어록이다.

> "인간의 잠재력은 무한하다. 이 무한한 인간의 잠재력은 누구에게나 무한한 가능성을 약속하고 있는 것이다. 목표에 대한 신념이 투철하고 이에 상응한 노력만 쏟아 부으면 누구라도 무슨 일이든 할 수 있다"
>
> – 자서전 〈이 땅에 태어나서〉 중에서

물론, 이와는 반대로 한국인의 상황적 사고 방식은 때때로 부정적인 결과를 초래하기도 했다. 예를 들어, 한국인은 상황에 따라 진실이나 정의와 같은 원칙을 저버리는 경향이 있었다. 또한, 한국인은 상황에 따라 자신이나 속한 조직의 이익을 위해 타인을 배신하는 경향도 있다. 예를 들어, 앞서 언급했던 한국의 대표적 글로벌 기업이었던 대우그룹의 일화를 살펴보도록 하자. 김우중 대우그룹 전 회장은 글을 쓰는 저자뿐 아니라 1990년대 당시 젊은이들의 우상이었다. 당시 거의 절반이 넘는 대학생이 '세계는 넓고 할 일은 많다'를 가장 감명 깊게 읽은 책으로 꼽았던 당시 기억이 새롭다. 맨주먹으로 사업에 투신하여 5대양 6대주를 넘나들며 세계경영을 구가하던 김우중 회장의 영웅적 면모는 한국의 수많은 젊은이들을 매료시켰고, 용기와 희망을 주었다. 그렇지만 대우그룹은 당시 한국 경제의 재앙이 되었고, 김우중 회장은 구치소에 갇히는 신세가 되었다.

당시 국민기업이자 대학생들의 존경을 받던 김우중회장이 대우그룹을 망친 것은 빚에 의존하는 투자전략을 무리하게 추진한 때문이다. 외환위기 이후 부채비율 축소는 선택이 아니라 필수였지만, 김우중 회장은 이전과 동일한 상황적 사고 방식을 버리지 않고 부채로 기업의 규모를 키우는 자신의 전략을 수정하지 않았다. 앞서 언급한 IMF 외환위기 당시 472%이던 부채비율이 점차 통제 불능 수준으로 높아졌고 결국 위기를 자초했다. 그럼 왜 아무도 이런 몰락의 길을 재촉하는 걸 막지 못했을까? 당시 대우그룹의 한 임원은 '위기가 심화된 1998년에도 연리 30%의 고금리로 15조원을 모았다. 당시 기업어음 발행은 일종의 사기였지만 임원들 모두 회장 지시에 따를 뿐 '죄의식을 느끼지 못했다'고 말했다. 적어도 대우그룹 내에서는 김 회장의 판단이 항상 최종적이고 절대적이었고, 김회장의 상황적 의식구조에서 벗어나지 못한 채 내린 결정은 모든 임직원들이 따라야 할 규범이었다. 즉 회장의 판단과 결정에 대해서는 누구도 이의를 제기하거나 시정하지 못하는 재벌 지배구조가 대우그룹을 망치고 당시 한국경제를 망친 요인이었다.

그렇지만 이미 언급한 대로 한국인의 상황적 사고방식은 시대에 따라 변화하고 있다. MZ세대는 전통적인 한국인의 상황적 사고방식에서 벗어나 자신의 가치관과 원칙을 가지고 행동하는 경향을 보이고 있다.

### (3) 관계 중심 사고방식

한국인은 관계를 매우 중요하게 생각한다. 한국인은 관계를 통해 자신의 정체성을 확인하고, 사회에서 인정받으려는 성향이 강하다. 관계중심 사고방식은 한국인의 일상생활과 사회생활에서 다양한 방식으로 나타난다. 예를 들어, 한국인은 공동체 의식을 바탕으로 가족이나 친구를 위해 희생하는 것을 당연하게 생각한다. 또한, 이미 언급한대로 유교적 가치관을 바탕으로 부모나 상사를 공경하고, 국가에 충성을 다하려 한다. 상황적 사고방식을 바탕으로 상황에 맞는 유연한 대처를 하고 관계 중심 사고방식을 바탕으로 관계를 유지하고 발전시키기 위해 노력하려는 성향이 강하다. 예를 들어, 관계중심 사고방식의 사례로는 대표적인 것이 대학에서 교수와 학생간의 관계이다. 서양문화에서는 대학원의 지도교수와 전공분야에 대해 자연스럽게 토론하고, 질문하고 자신의 반대 의견을 낼 수 있지만, 반면 한국문화에서는 지도교수의 의견에 반대할 수 있는 분위기가 아니며, 일방적으로 듣고 수용하는 것이 일반적이다. 왜냐하면 한국에서는 지도교수와의 관계가 중요하기 때문이다.

물론, 한국인의 사고방식은 시대에 따라 변화하고 있다. 이미 언급한 대로 MZ세대는 전통적인 한국인의 관계중심 사고방식에서 벗어나 자신의 가치관과 원칙을 가지고 행동하는 경향을 보이고 있다. 하지만, 한국인의 전통적인 사고방식은 여전히 한국 사회에서 중요한 역할을 하고 있는 것이 현실이다.

## 2. 한국인의 편견

먼저, 한국인들의 선입견과 편견을 소개하기 전에 선입견과 편견에 대한 정의를 먼저 알아보자.

**선입견:** 어떤 대상에 대해 이미 마음속에 가지고 있는 고정적인 관념, 항상 부정적인 것은 아님

**편견:** 공정하지 못하고 한쪽으로 치우친 생각으로 대부분 부정적임

그렇다면 지금부터 한국인의 외국에 대한 대표적인 편견을 소개하고 일례로 한국인들과 러시아인들이 서로에게 가지고 있는 선입견과 편견에 대해 살펴보도록 하자. 한국인이든 외국인이든 평소에 가지고 있었던 러시아에 대한 이미지와 일치하는지 생각해보며 읽으면 더욱 흥미롭게 내용을 받아들일 수 있을 것이다.

'러시아' 하면 어떠한 이미지가 연상되는가? 아마 대부분의 한국인들은 곰, 보드카, 대지를 덮은 흰 눈, 테트리스와 바실리 성당 그리고 털모자를 쓴 사람들을 떠올릴 것이다. 하지만 의아하게도 보통의 러시아 사람들은 곰, 보드카 그리고 흰 눈이야말로 한국인들을 비롯한 외국인들이 러시아에 대해 가지는 가장 대표적인 선입견과 편견이라고 이야기한다.

첫 번째 편견의 주제는 바로 러시아의 곰이다. "러시아에서는 길거리에 곰이 돌아다닌다." 러시아에 대해 얘기하면 한 번쯤 들었을 말이다. 하지만 보통의 러시아 사람들은 러시아 곰은 숲 속에 서식하기 때문에 러시아인들조차 쉽게 접하기 어려운 동물이라고 이야기한다. 따라서, "러시아의 길거리에는 곰이 돌아다닌다"는 근거 없는 속설로서 러시아에 대한 하나의 편견일 뿐이라는 것이다. 여기서 잠깐! 그렇다면 러시아는 왜 종종 곰의 모습에 비유되는 것일까? 서구사회에서 러시아를 곰에 빗대어 야만성, 침략성, 게으름, 서툼, 잔인함, 거대함 등으로 풍자하기 시작한 이래로 전 세계적으로 곰이 러시아를 상징하는 동물이 된 것이다. 이런 영향을 받아 러시아인들 스스로도 20세기에 이르러서는 러시아를 곰에 비유하는 경향이 생겼다고 한다. 보통의 러시아 사람들은 의하면 러시아에

서의 곰은 뚱뚱하고, 바보 같지만 힘이 센 동물로 인식된다고 한다. 그리고 러시아에서 가장 영향력 있는 정당, "통합 러시아"의 상징이 바로 이러한 여러 매력을 가진 "곰"이라고 한다.

두 번째는 러시아의 술 문화에 대한 편견이다. "러시아인들은 술이 세다," "러시아인들은 어른, 아이 상관없이 술을 즐겨 마신다." 이는 사람들이 러시아의 술 문화와 관련하여 흔히 오해하는 부분이라고 한다. 우선 러시아의 술로 유명한 보드카(Vodka)는 핀란드로부터 유래되었다. 나아가, 러시아인들은 술을 자주 마시는 것이 아니라 즐겨 마시는 것이라고 한다. 러시아인들은 결혼식, 생일파티 등 축제나 행사의 날에 술을 많이 마시는 편이지만, 음주에 대해서는 사회의 시선이 곱지 않다고 한다. 또한, 타국가들과 마찬가지로 만 18세 이상의 청년들만 음주를 할 수 있다고 하니 술고래의 나라가 러시아는 아닌 것이다. 오히려 WHO(세계보건기구)의 통계에 따르면, 2019년 기준 한국인의 연간 알코올 소비량은 8.7L이다. 일본 7.1L, 이탈리아 7.7L보다도 높다. 전 세계적으로 봐도 한국은 연간 알코올 소비량이 많은 국가에 속한다. 전 세계 평균 연간 알코올 소비량은 5.8L이다.

마지막은 바로 흰 눈에 대한 편견이다. 필자가 전 회사에서 임원과 함께 출장 차 러시아를 방문할 일이 있었다. 당시는 6월경이었는데, 임원분은 나에게 "6월 달에는 모스코바에 눈이 얼마 정도 쌓여있나?"라는 질문을 하였다. 그러나, 모스코바의 여름은 영상 20도 정도로 매우 따뜻한 편이다. 이상기온을 보일 때는 한국보다 더워서 영상 50도까지 기온이 올라가 많은 러시아인들이 사망한 전적이 있다고도 한다. 이렇듯 러시아는 1년 내내 추운 겨울의 날씨가 아니라 지역에 따라 다르지만 한국과 마찬가지로 4계절이 있다. 러시아는 굉장히 크고 긴 영토를 가지고 있어 북쪽과 남쪽의 기후 차이가 큰 편이다. 2014년 동계올림픽이 열렸던 소치(Sochi)가 있는 러시아의 남쪽은 러시아인들 사이에서 휴양지로 유명한 만큼 따뜻한 날씨를 자랑하며 파인애플, 야자 등의 열대 과일이 자라는 지역이다. 하지만 어떻게 따뜻한 남쪽에서 동계올림픽이 주최될 수 있었을까? 이에 대한 이유는 첫째로, 소치가 흑해 인근에 위치하여 있으며, 둘째로, 인근 지역 산에는 만년설이 있기 때문에 가능한 일이었다고 말한다. 동일한 나라에서 경험할 수 있는 상반된 날씨가 있기에 가능한 것이다. 결국 러시아에 대한 편견이 생기는 이유는 그 국가에 대한 관심이 부족하고 아는 것이 부족하기 때문이다. 이는 러시아뿐 아니라 다른 다라에도 마찬가지이다.

이번에는 반대로 일반 러시아 사람들이 한국인에 갖는 이미지는 바로 개고기, 공산주의 그리고 한국의 대기업이다. 물론 이는 사람별로 다를 수 있다.

첫째로, 대다수의 서양 사람들과 마찬가지로, 러시아인들 역시 한국인들이 개고기를 즐겨 먹는다고 생각한다. 보통의 러시아 사람들은 개고기는 한국에서 보편적으로 보급되는 식료품이 아님에도 불구하고 한국인들이 개고기를 좋아한다는 인식이 러시아인들 사이에서 뿌리깊게 자리잡고 있다고 한다.

둘째로, 공산주의에 대한 오해이다. 최근에는 K pop, K culture, K food 등 한류의 유행으로 나아지고 있지만 아직도 일부 러시아인들의 대부분은 대한민국이라는 나라를 다소 생소하게 여겨, 북한과 혼동하는 경우가 종종 발생한다고 한다. 따라서 대한민국을 공산주의 국가로 오해하는 러시아인들도 있다고 한다. 이는 기존에 러시아 내 동양에 대한 관심이 전반적으로 저조했을 뿐더러, 세계에서 큰 동양 국가들인 중국과 일본의 입지가 더 컸기 때문에 생겨난 현상이다. 하지만, 한류가 러시아에서 선풍적인 인기를 끌며 대한민국에 대한 러시아인들의 관심이 증폭되었다. 따라서 현재 모스크바에서 한국의 화장품, 옷, 음악 등 한국 제품들에 대한 관심이 상승하고 있으며, 한국 유명 드라마는 러시아 케이블 TV에서 러시아어로 번역되어 방송되고 있어 누구나 흔히 한국방송을 TV나 OTT(over the top)를 통해 볼 수 있다. 특히, 모스코바 대학의 한국어학과 학생들은 한국 드라마를 러시아어로 번역하는 과정을 거치고 있다고 하니 한류가 기존 한국에 대한 인식도 변화시키고 있다.

셋째로, 삼성, 현대 자동차와 같은 한국의 대기업에 대한 편견이 있다. 1990년대 말까지만 해도 러시아인들은 삼성이 한국의 기업이라는 사실을 인지하지 못하였다고 한다. 당시에는 좋은 가전제품은 모두 '일본제품'이라는 관념이 보편적이었기에, 삼성 역시 일본의 제품으로 알고 있는 러시아인들이 많았다고 한다.

현대자동차 역시 마찬가지이다. 이렇듯 한국의 기업들을 타 동양 국가들의 기업으로 알고 있는 경우가 종종 있다고 한다. 하지만 이 역시 한류가 인기를 끌게 되며 차차 개선되어가고 있고 현대자동차의 경우 2021년에 러시아 시장점유율 1위를 차지했을 정도로 한국 대기업의 인기는 상승되고 있다. 이렇게 한국인이 러시아에 대한 갖는 편견과, 반대로 러시아인이 한국에 대해 갖는 편견을 교차로 살펴보았다. 결국 이 같은 편견은 러시아나 한국이라는 국가와 상관없이 자신이 타국에 얼마나 관심을 가지고 알아가느냐 하는 것에 달려 있다. 즉, 한국인이 러시아에 대한 관심을 갖는다면 러시아에 대한 편견이 사라지게 되고, 반대로 러시아 사람이 한국에 대해 관심을 갖는다면 한국에 대한 편견이 더 사라지게 되는 것이다.

## 3. 한국인의 세계관

우크라이나 전쟁 발발 후 우크라이나 젤렌스키 우크라이나 대통령은 우크라이나의 지원을 위해 세계 곳곳에서 오프라인 또는 온라인 연설을 진행했다. 2022년 4월 11일, 젤렌스키 우크라이나 대통령의 한국 국회 화상 연설이 있었다. 미국, 영국, 일본 등에서의 국회 연설과는 사뭇 다르게 기립 박수도 없었고 한국 전체 국회의원의 20%인 60여 명만이 참석했다. 이 사건은 한국인을 대표하는 국회의원들의 세계관이 가감 없이 드러난 한국의 자화상으로 평가할 수 있다. 미국과 일본, 중국과 러시아와 같은 한반도에 영향을 주는 주요 국가가 아닌 국가나 국가수반에 대한 관심이 없는 것이다. 이는 단순히 한국의 국회의원만의 세계관은 아닐 것이다.

세계관은 본래 기독교, 이슬람, 불교 등 종교에서 많이 사용하는 철학적 용어지만 최근에 경영학 분야의 브랜드 마케팅에서도 뚜렷한 세계관을 가지고 있어야 글로벌 파워 브랜드가 될 수 있다는 가설이 설득력을 얻고 있다. BTS와 마블처럼 서사를 구축하고 있어야 글로벌 팬덤을 보유할 수 있게 되고 더 나아가서는 메타버스(확장가상세계)로의 진출도 용이하다는 것이다. 한국은 이제 세계 경제 10위 국가이다. 경제적 위상에 걸맞게 한국인들의 세계관을 확장시켜야 하는 이유는 다음과 같다.

첫째, 4차 산업혁명과 러시아-우크라이나 전쟁으로 영미 자본주의를 채택하고 있는 자유주의 국가들과 러시아, 중국 등 권위주의 국가들 간의 갈등이 심화되고 있다. 한국의 경우, '안보는 미국' 그리고 '경제는 중국'이라는 슬로건을 갖는 이중적 세계관으로 버티고 있지만 향후 이 같은 세계관의 입지는 더욱 줄어들 것으로 보인다. 이번 기회에 동유럽, 남미 등 글로벌로 세계관으로 확장해 자연스럽게 한국 경제에서 중국의 비중을 줄이는 노력을 할 필요가 있다.

둘째, '문화지체 현상'을 조속히 극복할 필요가 있다. 사회학자 오그번은 물질 문명의 변화 속도에 비해 비물질적, 정신적 문화요소의 변동 속도가 느리기 때문에 나타나는 혼란을 문화지체라고 정의한 바 있다. 현재 한국은 지난 100년간 경제적으로 가장 빠른 속도로 발달한 나라이다. 한국인의 세계관이 경제력에 비해 터무니없이 지체되어 있는 현상은 인정하지 않을 수 없는 사실이다. 1인당 GDP 3,000달러 시절에 청춘을 살았던 베이비부머의 세계관과 1인당 GDP 3만 달러가 넘는 시대에 청춘기를 보내고 있는 MZ세대 한국인의 세계관 사이에는 큰 차이가 존재할 수밖에 없다. 베이비부머가 개발도상국 마인드와 한반도에 갇혀 있는 좁은 세계관을 가지고 있다면 MZ세대 한국인은 선진국 마인드와 글로벌적 세계관을 가지고 있다. 경제력에 걸맞은 시민의식과 세계관은 특히 중년 이상의 한국인들에게 더욱 필요해 보인다.

셋째, 2020년 이후 한국은 인구절벽 문제에 직면해 있다. 경제가 지속성장하려면 이문화 감수성을 높이고 글로벌 세계관으로 전환할 필요가 있다. 내국인 수의 증가 없이 연간 3% 이상의 성장을 만들기 위해서는 연간 3,000만명 이상의 외국인 방문객이 필요하다. 2019년 1,800만명 기록을 수립한 외국인 방문객 수를 두 배 증가시킨다면 인구 절벽의 위기도 관리할 수 있다. 현재 우리에게는 미래 지속성장에 대한 새로운 가설과 모험적 세계관이 절실히 필요하다. 21세기 비틀스는 한국의 BTS다. 현재 전 세계 100여 개국에 살고 있는 아미라는 충성 고객 커뮤니티를 운영하고 뚜렷한 세계관을 가지고 한류를 이끌고 있다. 비틀스의 세계관을 보기 위해서 영국 리버풀을 찾아가듯 리더 RM의 고향 고양시를 방문하고, BTS의 세계관을 경험하기 위해서 전 세계 MZ세대(밀레니얼+Z세대)들은 한국을 방문하고 싶어 한다. 한국인의 세계관을 확장시킬 필요가 있다. 그리고 이러한 한국인의 세계관의 확장이 이루어져야 인구절벽의 시대에 Working with Foreigners와 Working with Koreans를 위해 한국인과 외국인의 갈등을 해결할 수 있는 전제조건이 성립될 수 있다.

그럼 좀 더 나아가 한국인의 전통적인 세계관에 대해 살펴보도록 하자. 한국인의 전통적인 세계관은 크게 샤머니즘(Shamanism), 유교(Confucianism), 불교(Buddhism)의 영향을 받아 형성되었다. 샤머니즘[3]은 한국인의 전통적인 세계관의 가장 기본적인 요소이다. 샤머니즘은 인간과 자연, 인간과 초자연적인 존재, 인간과 인간 사이의 관계를 중심으로 하는 토속신앙이다. 샤머니즘에서는 인간은 자연의 일부이며, 자연과 조화를 이루며 살아야 한다고 믿는다. 또한, 인간은 초자연적인 존재와 소통할 수 있으며, 이를 통해 복을 얻고 재앙을 피할 수 있다고 믿는다. 한국의 지방에 가보면 아직도 샤머니즘의 영향이 남아 있는 나무로 만든 장승을 흔히 볼 수 있다.

유교[4]는 한국의 전통적인 사회 질서와 가치관을 형성하는 데 중요한 역할을 했고 지금까지도 큰 영향을 끼치고 있다. 유교는 인간의 도덕적 완성을 추구하는 종교이다. 유교에서는 인간은 사회의 구성원으로서 부모, 형제, 자식, 친구, 국가 등에 대한 의무를 다해야 한다고 생각한다. 또한, 유교는 인간의 삶을 선과 악의 구도로 나누고, 선한 삶을 살아야 한다고 가르친다. 그래서 한국인의 세계

3) 샤미니즘(shamanism), 또는 무술(巫術)은 신직인 존재를 불러들이는 무당(巫堂), 곧 샤먼(shaman)을 중심으로 한 신앙 체계이며, 샤먼은 이상심리상태에서 신령이나 정령 등 초자연적 존재와 직접 교류하고, 이 사이에 예언, 탁선, 복점, 치병, 제의 등을 행하여 샤머니즘 신앙의 중심이 된다

4) 유교(Confucianism)는 중국 춘추시대(기원전 770~403) 말기에 공자(孔子)가 체계화한 사상인 유학(儒學)의 학문을 이르는 말로, 동아시아 특유의 종교 및 철학 체계이다. 시조 공자의 이름을 따서 공교(孔敎)라고도 한다. 지켜야 할 인륜의 명분(名分)에 대한 가르침이라고 하여 명교(名敎)라고도 한다.

그림 2-6 한국의 국보 반가사유상

관은 중간이 없는 경우가 많기 때문에 한국 드라마나 영화를 보면 현대극이든 사극이든지 대부분 등장인물들이 선과 악의 대결구조로 등장하여 나의 편(partners), 남의 편(enemies)으로 나누는 것을 흔히 볼 수 있다. 유교적 가치관이 한국인의 세계관에 엄청난 영향을 준 것을 확인할 수 있다.

불교[5]는 기원후 4세기경, 한국에 전래된 이후에도 오랫동안 한국인의 삶에 큰 영향을 미쳤다. 불교는 인간의 윤회와 해탈을 추구하는 종교이다. 불교에서는 인간은 윤회의 고통에서 벗어나 해탈을 이루기 위해 노력해야 한다고 믿는다. 또한, 불교는 자비와 평화를 강조하며, 인간은 모든 존재에 대한 연민을 가지고 살아야 한다고 가르친다. 고구려, 백제, 신라를 비롯해 삼국을 통일한 고려시대까지 불교는 한국인의 사상에 영향을 주었고 이는 세계관의 형성에도 영향을 크게 주어 [그림 2-6]과 같이 한국 미술품이나 건축물을 보면 불교적인 세계관이 곳

5) 불교(Buddhism)는 기원전 6세기경 인도의 고타마 싯다르타에 의해 창시된 인도 계통의 종교이다. 불교는 그가 펼친 가르침이자 또한 진리를 깨달아 부처(붓다·깨우친 사람)가 될 것을 가르치는 종교이다.

곳에 나타나 있는 것을 쉽게 확인할 수 있다.

조선 건국 이후 조선왕실은 숭유억불[6] 정책을 펼쳤으나, 민간에서는 여전히 불교를 신봉하는 불교신자들이 많았으며 일상에 여전히 큰 영향을 주어 왔다. 예를 들어, 조선 이전 장례에서는 화장(火葬)의 비중이 상당히 높았고, 제사 음식도 절에서 차렸다. 그러나 조선시대에도 명절에 지내는 제사를 차례(茶禮)라고도 말하는 것도 제사상에 차를 올리던 불교문화의 흔적이다. 조선시대부터 불교색을 빼기 위해 술을 대신 올렸지만 옛 이름은 남은 것이다.

이러한 세 가지 종교의 영향을 받아 한국인의 전통적인 세계관은 다음과 같은 특징을 가지고 있다. 한국인의 세계관이 나타나는 사례는 다음과 같다.

### (1) 자연과의 조화

한국인은 자연을 신성시하고, 자연을 보존하기 위해 노력한다. 예를 들어, 한국의 전통적인 풍습 중 하나인 풍수지리학은 자연과 인간의 조화를 추구하는 학문이다. 여전히 아직도 많은 한국 사람들은 조상의 무덤을 마련할 때 뿐 아니라 집이나 사무실 또는 토지를 구매할 때 이 풍수지리의 영향을 고려하여 구매하려는 성향이 강하다. 심지어 앞에서 언급한 숭북억제 정책을 펼쳤던 조선왕실의 경우도 [그림 2-7]과 같이 풍수지리에 따라 궁궐이나 주요 관청을 건설하였다. 풍수지리(風水地理)는 땅과 공간의 해석과 활용에 대한 동아시아의 고유 사상입니다. 풍수에는 음양오행설을 바탕으로 한 동아시아의 자연관이 잘 나타나 있으며 실제로 조경과 건축 등에 영향을 미쳤던 사상으로 한국뿐 아니라 중국, 일본 등 동아시아에서 여전히 큰 영향을 주고 있다. 풍수의 기본 개념은 '기(氣)'라는 것이다. 기는 생명의 원천으로, 산천, 수로, 지형, 건물 등에 깃들어 있다고 생각한다. 좋은 기가 흐르는 곳은 길(lucky)하고, 나쁜 기가 흐르는 곳은 흉(unlucky)하다고 생각한다. 풍수에서는 땅의 형태, 방위, 지형, 수맥, 나무, 돌 등의 요소를

6) 숭유억불(崇儒抑佛)은 불교 교단의 세력을 강제로 축소시키고 약하게 유지하기를 목적으로 하는 조선의 주요 국가시책이다. 숭유(유교를 숭상함)라는 단어가 있지만, 포인트는 억불에 있음에 주의. 억불 정책(抑佛政策) 또는 배불 정책(排佛政策)이라고도 한다.

그림 2-7 풍수지리로 보는 서울의 명당

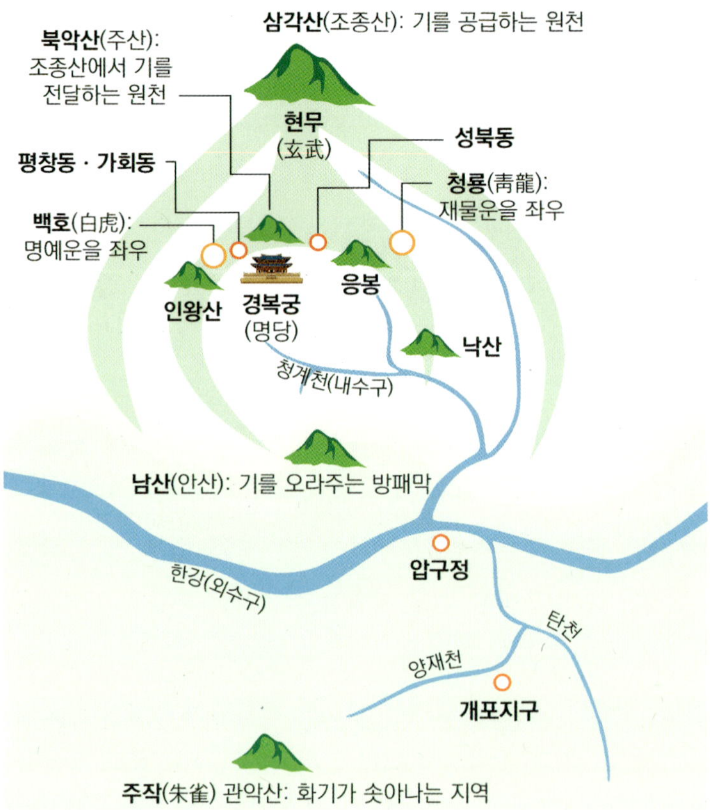


고려하여 기를 분석한다. 그리고 이러한 요소들을 조화롭게 배치함으로써 길한 기운을 모으고, 흉한 기운을 피하려고 한다. 이에 따라 한국인들이 가장 좋아하는 땅의 구조는 이른바 배산임수이다. 즉, [그림 2-8]과 같이 내가 원하는 건축하려는 장소 바로 뒤쪽에 산이 있고 앞쪽에 물이 흐르는 구조의 지형인 것이다.

풍수는 크게 음택(unlucky site)과 양택(lucky site)으로 나눌 수 있다. 음택은 죽은 자의 무덤을 놓는 장소를 말하며, 양택은 사람이 거주하는 집이나 건물을 말한다. 음택 풍수에서는 무덤의 위치가 후손의 운명에 영향을 미친다고 생각한다. 따라서, 후손의 번영을 위해 길한 곳에 무덤을 자리 잡으려고 한다. 양택 풍

그림 2-8 서울의 풍수지리

수에서는 집이나 건물의 위치와 형태가 거주자의 운명에 영향을 미친다고 생각하기 때문에, 거주자의 운명을 좋게 하기 위해 길한 곳에 집이나 건물을 짓고, 내부 공간을 조화롭게 배치하려고 한다. 앞서 언급한 대로 풍수지리는 한국을 비롯한 동아시아 전역에서 오랫동안 전승되어 온 학문이다. 현대에도 많은 사람들이 풍수지리를 신봉하고 있으며, 건축이나 조경 등에 풍수지리의 원리를 적용하는 경우가 많기에 여전히 아파트나 오피스를 신출하거나 구매할 때 풍수지리에 따른 의사결정을 하는 경우가 많다. 이 때문에 한국인은 산이나 나무, 물 등을 신성시하는 경향이 있다.

### (2) 가족과 공동체의 중요성

한국인은 가족과 공동체를 소중히 여기며, 가족과 공동체의 화합을 위해 노력한다. 예를 들어, 한국인은 가족의 부양 의무를 중요시하며, 가족의 화목을 위해 노력한다. 또한, 한국인은 공동체의 일원으로서 사회에 기여하기 위해 노력합니다. [그림 2-9]와 같이 한국의 드라마나 영화를 보면서 많은 외국인들이 궁금해 하는 점은 한국의 드라마나 영화에는 반드시 가족이 등장하고 가족들과의 화합을 위해 노력하는 장면들이 많이 등장한다는 점이다. 이러한 점은 한국에서 가

그림 2-9 한국의 가족중심 드라마와 영화

족이 얼마나 중요한 존재임을 나타내 주는 방증이기도 하다.

한국인의 가족 중심 세계관은 가족을 개인의 삶보다 더 중요하게 여기는 가치관이다. 이는 앞서 언급한 대로 유교의 영향으로 형성된 것으로, 유교에서는 가족을 사회의 기본 단위로 보고, 가족의 화목과 단결을 중시한다. 한국인의 가족 중심 세계관은 다음과 같은 특징을 가지고 있다.

첫째, 가족의 화목과 단결을 중시한다. 한국인들은 가족의 화목과 단결을 가장 중요한 가치로 여기고 이를 위해 가족 구성원들은 서로를 배려하고 존중하며, 가족의 일에는 적극적으로 참여한다.

둘째, 가족을 챙기는 가족의 부양을 중요시한다. 한국인들은 가족의 부양을 당연한 것으로 생각한다. 자녀는 부모를 부양하고, 부모는 자녀를 부양하는 것이 가족의 당연한 역할이라고 생각하는 것이다.

셋째, 아들을 낳아서 가족의 대를 잇는 것을 중요시한다. 한국인들은 가족의 대를 잇는 것을 중요하게 생각하고 현대에는 많이 사고방식이 변화하고 있으나 아직도 아들을 낳아 가족의 대를 잇는 것이 중요한 가치로 생각한다.

한국인의 가족 중심 세계관은 한국 사회의 전통적인 가치관으로, 오늘날에도 여전히 많은 영향을 미치고 있다. 한국 사회에서 가족은 개인의 삶에서 가장 중요한 부분을 차지하고 있으며, 가족에 대한 사랑과 책임감은 한국인의 삶에서 중요한 가치로 자리 잡고 있다.

그러나 최근 들어 한국 사회의 변화에 따라 가족 중심 세계관이 약화되고 있다는 지적도 있다. 경제 성장과 산업화로 인해 가족 구성원들이 함께 모여 살 수 있는 시간이 줄어들고 있으며, MZ세대의 등장으로 개인의 삶에 대한 중요성이 커지면서 가족의 역할이 상대적으로 줄어들며 1인 가구가 증가하고 있는 것이 현실이다. 또한, 합계출산율이 급격히 감소하면서 아들을 낳아 가족의 대를 잇는 것이 더 이상 당연한 일이 아니게 되었다. 이러한 변화에도 불구하고, 한국인의 가족 중심 세계관은 여전히 한국 사회의 중요한 가치로 남아 있다. 그래서 한국에서 가장 큰 명절인 설날과 추석에는 많은 한국인들이 가족과의 화합과 만남을 위해 [그림 2-10]과 같이 교통체증이 심한 귀향길을 마다 않고 가족을 향해 달려가는 뉴스를 볼 수 있다.

그림 2-10 한국의 명절 귀향길

### (3) 선과 악의 구도

한국인은 선한 삶을 살아야 한다는 생각을 가지고 있으며, 악한 일을 피하기 위해 노력한다. 예를 들어, 한국인은 선행을 베푸는 것을 중요하게 생각하며, 악행을 저지르는 것을 부끄러워한다. 또한, 한국인은 선과 악의 구도에 따라 인간을 평가하는 경향이 있고 이에 따라 앞서 언급한 대로 좋은 편(angel)과 나쁜 편(evil), 또는 나의 편(partners), 남의 편(enemies) 등 이분법 적으로 나누는 것을 흔히 볼 수 있다. 이는 앞서 언급한 대로 한국 드라마나 영화에서도 [그림 2-11]과 같이 보편적으로 등장하는 극의 구조이다. 그만큼 한국인의 세계관에 큰 영향을 주고 있다는 것을 여전히 확인할 수 있는 대목이다.

**그림 2-11** 선과 악의 한국드라마

앞서 언급한 대로 한국인의 선과 악의 세계관은 유교의 영향으로 형성된 것으로, 유교에서는 선과 악을 다음과 같이 구분한다.

**선(善: goodness):** 덕(德: virtue), 예(禮: manners), 효(孝: filial duty), 충(忠: loyalty) 등과 같이 인간으로서 지녀야 할 도덕적 가치를 말한다.

**악(惡: evil):** 불의(不義: fiery), 불효(不孝: unfilial piety), 배신(背信: betrayal) 등과 같이 인간으로서 지녀서는 안 될 부도덕한 가치를 말한다.

한국인의 선과 악의 세계관은 다음과 같은 특징을 가지고 있다.

첫째, 선과 악의 구분이 명확하다. 한국인들은 선과 악을 명확하게 구분하는 경향이 있다. 이는 유교의 영향으로 형성된 것으로, 유교에서는 선과 악을 절대적인 가치로 생각한다. 선과 악은 개인의 행위에 따라 결정된다. 한국인들은 선과 악은 개인의 행위에 따라 결정된다고 생각한다. 이는 유교의 영향으로 형성된 것으로, 유교에서는 개인의 행위가 개인의 도덕성을 결정한다고 여긴다. 선과 악은 사회의 질서를 유지하는 데 중요하다. 한국인들은 선과 악이 사회의 질서를 유지하는 데 중요하다고 생각한다. 이는 유교의 영향으로 형성된 것으로, 유교에서는 선과 악을 바탕으로 사회의 질서를 유지한다고 생각하고 있다. 한국인의 선과 악의 세계관은 한국 사회의 전통적인 가치관으로, 오늘날에도 여전히 많은 영향을 미치고 있다. 한국 사회에서 선과 악은 개인의 삶과 사회의 질서를 유지하는 데 중요한 가치로 자리 잡고 있다. 일례로, 한국 사람은 '충(忠: loyalty)'을 아직도 선한 것으로 보기 때문에 잦은 이직이나 조직을 위해 개인의 희생이나 복종을 강요하는 것을 아직도 당연히 여기는 문화가 있기 때문에 한국인과 함께 일하는 외국인의 입장에서는 이해하기 어려운 것이 사실이다. 그래서 한국인과 일하는 외국인이 가장 흔하게 듣는 말 중의 하나가 다음과 같은 말이다. 그리고 이 말을 외국인의 입장에서는 이해하기 어려울 것이다.

**"당신은 왜 그렇게 직장이나 상사인 나에게 충성도가 떨어지는 겁니까?
그렇게 충성도가 없으며 다른 직장을 알아보세요."**

다음은 한국인의 선과 악의 세계관을 보여주는 사례이다. 한국의 고전문학과 드라마의 대표주제는 '권선징악'이다. 한국의 대표적 고전문학 작품인 '홍길동전'에서 홍길동은 부패한 탐관오리들을 처단하고 가난한 백성을 도와주는 정의를 행한다. 각시탈 역시 일제강점기 시대 조선인들에게 난세의 영웅이었다. 그러나 극중 각시탈로 활약하던 이강토가 어머니의 복수로 일본인 경찰을 죽인 순간, 자신의 친구였던 '기무라 순지'와는 동시에 적이 되어 버린다. 그 일본경찰이 바로 순지의 친형이었기 때문이다. 순지는 조선인을 사랑하는 선량한 소학교 교사였지만 형의 죽음을 직접 목격한 뒤부터 각시탈을 쫓는 또 다른 적이 된다.

**효(孝: filial duty):** 한국인들은 효를 가장 중요한 덕목으로 여긴다. 효는 부모를 공경하고 부모를 잘 섬기는 것을 말한다. 한국인들은 효를 통해 부모에 대한 사랑과 감사를 표현하며, 사회의 질서를 유지한다고 생각한다.

**충(忠: loyalty):** 한국인들은 충을 중요하게 여긴다. 충은 임금이나 나라에 충성하는 것을 말한다. 한국인들은 충을 통해 사회의 질서를 유지하고 국가의 발전에 기여한다고 생각한다.

**정의(正義: justice):** 한국인들은 정의(正義)를 중요하게 여긴다. 정의는 공정하고 바르게 행하는 것을 말한다. 한국인들은 정의가 사회의 질서를 유지하고 모든 사람이 평등하게 대우받을 수 있는 사회를 만드는 데 중요하다고 생각한다.

이러한 사례들을 통해 한국인의 선과 악의 세계관을 이해할 수 있다. 한국인들은 선과 악을 명확하게 구분하고, 선은 개인의 행위에 따라 결정되며, 선과 악은 사회의 질서를 유지하는 데 중요하다고 생각한다. 이러한 가치관은 한국 사회의 전통적인 가치관으로, 오늘날에도 여전히 많은 영향을 미치고 있다. 이 때문에 한국인과 일하는 외국인들은 한국인 상사나 동료에게 다음과 같은 말을 가장 많이 듣는다고 한다.

"당신의 나의 편(partner)인가요, 아니면 남의 편(enemy)인가요?"

## 4. 윤회와 해탈

한국인은 윤회(transmigration)와 해탈(liberation)을 추구하며, 죽음 이후의 삶을 준비한다. 종교에 따라 다르지만, 한국인은 죽은 자를 위해 제사를 지내며, 내세의 삶을 준비하는 것이 보편적이다. 또한, 한국인은 불교의 윤회와 해탈의 가르침을 받아들여, 선한 삶을 살아가기 위해 노력한다. 이러한 사례들은 한국인의 세계관이 한국인의 사고와 행동에 많은 영향을 미치고 있음을 보여준다. 한국인의 윤회와 해탈을 보여주는 사례는 다음과 같다.

### (1) 죽음과 사후 세계에 대한 믿음

한국인들은 죽음 이후에도 영혼이 계속 존재한다고 믿는 경향이 있다. 이러한 믿음은 불교의 영향으로 형성된 것으로, 불교에서는 윤회를 통해 영혼이 계속해서 태어나고 죽는다고 가르친다. 한국인들은 죽음 이후에도 영혼이 다시 태어날 수 있다고 믿기 때문에, 죽은 자를 위한 제사나 의식을 치르는 경우가 많다. 이러한 의식은 죽은 자의 영혼을 위로하고, 좋은 곳에 태어나도록 하기 위한 목적으로 한다.

### (2) 복과 불운에 대한 믿음

한국인들은 복과 불운이 개인의 업에 따라 결정된다고 믿는 경향이 있다. 이러한 믿음은 불교의 영향으로 형성된 것으로, 불교에서는 업의 법칙에 따라 개인의 삶이 결정된다고 가르친다. 한국인들은 복과 불운에 대한 믿음을 바탕으로, 선행을 베풀고 덕을 쌓으면 복을 받고, 악행을 저지르면 불운을 받는다고 생각한다. 이러한 믿음은 한국인의 삶의 태도와 행동에 영향을 미치기도 한다.

### (3) 수행과 구도의 삶

한국인 중에는 윤회와 해탈을 위해 수행과 구도의 삶을 살아가는 사람들이 있다. 이러한 사람들은 불교의 가르침에 따라 수행을 통해 깨달음을 얻고, 윤회에서 벗어나 해탈을 이루는 것을 목표로 한다. 한국에는 이러한 수행과 구도의 삶을 살아가는 사람들을 위한 사찰과 수행 기관이 많이 있다. 이러한 기관에서는 수행을 통해 깨달음을 얻을 수 있도록 교육과 지원을 제공하고 있다.

이와 같은 사례들을 통해 한국인의 윤회와 해탈에 대한 믿음을 이해할 수 있다. 한국인들은 죽음 이후에도 영혼이 계속 존재한다고 믿고, 복과 불운이 개인의 업에 따라 결정된다고 믿는다. 또한, 윤회와 해탈을 위해 수행과 구도의 삶을 살아가는 사람들도 있다. 이러한 믿음과 가치관은 한국 사회의 전통적인 가치관으로, 오늘날에도 여전히 많은 영향을 미치고 있는 것이 현실이다.

CHAPTER

# 03

# Working with Koeans 1

## : 일하는 방식의 차이

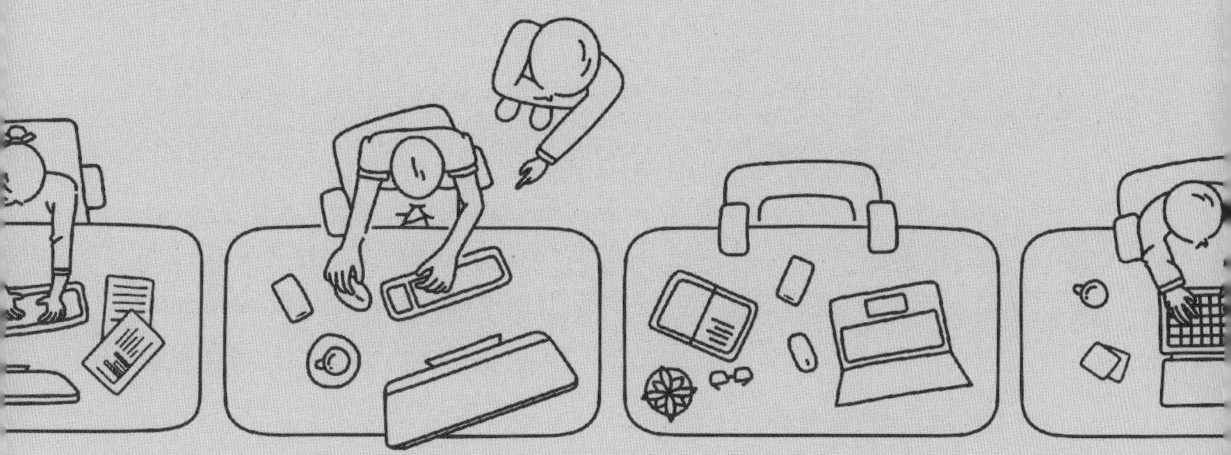

## 1. 한국인과 외국인의 일하는 방식의 차이

**1,752,346명**. 무슨 숫자일까? 2022년 기준으로 한국에서 살고 있는 외국인 인구의 숫자이다. 이 중 1,093,891명이 외국인 등록인구이며, 약 922만 명의 외국인이 한국에 취업하여 일하고 있다. 바야흐로 외국인과 함께 일하며 살아가는 Working with Foreigners와 Working with Koreans의 시대이다. 이뿐만이 아니다. 수출입은행에 따르면 1980년 이후 국내 기업들이 2022년 말까지 해외에 설립한 법인·지사는 8만 6,773 곳에 달한다. 매년 2,018개의 신규 법인이 설립되는 등 주재원 수요는 계속 증가하고 있다. 해외 주재원 수는 12만 명으로 추산된다. 이들도 물론 현지에서 외국인들과 일하고 있는 이른바 Working with Foreigners와 Working with Koreans의 시대에 동참하고 있다. 이에 따라 많은 한국인들은 최근 Working with Foreigners와 Working with Koreans를 위한 이문화 교육, 글로벌 리더십 교육, 다양성 관리 교육, 글로벌 갈등관리 교육 등을 받고 있다. 해외주재원의 경우 부임 전 이러한 교육들을 필수적으로 이수하고 있고, 국내의 기업에서 근무하는 한국인들도 Working with Foreigners와 Working with Koreans와 관련한 교육을 받는 비중이 늘어나고 있다. 그러나, 한국인들만이 Working with Foreigners와 Working with Koreans의 교육을 받아서는 안 된다. 일을 함께 하는 사람들이 서로를 이해하며 의사소통하며 쌓이는 갈등을 해결하며 문제를 해결하여 함께 성과를 내는 협업을 위해서는 서로가 서로를 이해하는 교육이 필요하다. Working with Foreigners의 시대에 함께 필요한 것이 Working with Koreans인 것이다.

실제 2018년 기준으로 삼성전자, 삼성물산, 현대자동차, 기아자동차, LG전자, LG디스플레이, 현대모비스 7개 대기업의 외국인 직원수가 37만 명을 넘어섰다. 이 같은 수치를 보면 이제 외국인 직원들과 일하는 환경이 비단 해외주재원에게만 발생하는 상황이 아니고 한국에서 일하는 직원들에게도 비일비재하게 발생하는 일반화된 현상이 되어 가고 있다. 실제로 한국기업 현장에서 외국인 임직원들과 협업하며 회의하는 일들은 드라마나 영화에서만 나오는 그림이 아니라 실제 우리 일상에서 발생하는 일반적인 일이 되고 있다. 하지만, 외국어만 잘한다고 해서 외국인 직원들과 함께 일을 잘할 수 있는 것은 아니다. 한국인들은 학교에서나 직장에서 외국어 이외에 외국인들과 함께 일하는 법을 배웠는가? 외국인들과 갈등이 발생하면 어떻게 해야 하는지를 배웠는가? 외국인들과 생각의 차이와 문화의 차이가 왜 발생하는지를 배웠는가?

반대의 질문 역시 마찬가지이다. 외국인들은 한국어 이외에 한국인들과 함께 일하는 법을 배웠는가? 한국인들과 갈등이 발생하면 어떻게 해야 하는지를 배웠는가? 한국인들과 생각의 차이와 문화의 차이가 왜 발생하는지를 배웠는가? 이제부터 본격적으로 외국인의 입장에서 한국인과 협업하기 위해 갈등을 줄이면서 서로를 이해하는 법을 본격적으로 배워보도록 하자.

### (1) 한국인과 외국인의 말하는 방식의 차이

| | |
|---|---|
| 박한국 매니저: | 고객을 응대하기 위해 이번 주 일요일에 누군가 출근해야 할 것 같네요. |
| 레: | 알겠습니다. |
| 박한국 매니저: | 일요일에 나와 줄래요? |
| 레 | 알겠습니다. |
| 박한국 매니저: | 큰 도움이 되겠네요. |
| 레: | 네, 일요일은 아주 중요한 날입니다.1 |
| 박한국 매니저: | 어떤 이유에서요? |
| 레: | 제 딸 생일입니다. |
| 박한국 매니저: | 축하합니다. 가족들 모두 즐거운 시간이 되길 바랍니다. |
| 레: | 감사합니다. |

위의 대화는 한국인과 외국인 사이의 커뮤니케이션 차이에서 발생하는 일하는 방식의 전형적인 내용이다. 이 대화를 한국인의 입장에서 보면, 한국 사람들

이 레에게 잘못이 있다고 생각할 것이다. 하지만, 과연 고객을 응대하기 위해 일요일에 출근해야 하는 상황에서 일요일이 딸의 생일이기에 출근하기 어렵다고 이야기하는 레에게 모든 책임이 있는 것인가? 그렇다면 한국인의 경우는 동일한 상황에서 어떻게 행동할 것인가? 아마도 나이에 따른 세대 간에 차이는 있더라도 절반 이상의 한국인은 딸의 생일이라 하더라도 일요일에 고객을 응대하기 위해 출근할 것이다. 하지만, 가족을 중시하는 외국인 입장에서 보면 당연히 일요일에 출근을 요구하는 한국인의 입장이 이해되지 않을 것이다. 더욱이 박한국 매니저는 첫 대화에서 고객을 응대하는 왜 중요한지, 제대로 응대하지 못했을 경우 어떤 결과가 뒤따르는지에 대해 전혀 설명하지 않고 그냥 출근해야 한다고만 말했기 때문에 외국인의 입장에서는 더더욱 딸의 생일이기도 한 일요일에 출근할 이유가 없을 것이다.

고객을 응대해야만 하는 일요일에 누군가 출근을 해야 하는 상황에서 절반 이상의 한국인은 딸의 생일이라 하더라도 일요일에 출근을 강행할 것이다. 하지만, 외국인의 입장에서는 절반 이상이 딸의 생일이라는 조건이 고객을 응대해야 하는 조건보다 앞서기 때문에 일요일에 출근하지 않을 것이다. 동일한 상황을 놓고, 한국인은 고객응대라는 조건이 딸의 생일이라는 조건보다 앞서있고, 외국인은 딸의 생일이라는 조건이 고객응대라는 조건보다 앞서 있다. 서로 동일한 조건이 있다고 하더라도 우선순위가 다르게 나타난 것이다. 이것이 바로 생각의 차이이다.

그렇다면 위의 대화처럼 말하는 방식의 차이는 왜 나타나는 것일까? 여러 가지 이유가 있겠지만 가장 크게 생각의 차이에 영향을 주는 요인은 바로 문화의 다름이다. 한국인과 외국인의 문화의 다름이 가장 크게 나타나는 요인은 바로 [그림 3-1]과 같이 문화의 차이에서 발생한다.

한국의 문화는 흔히들 '하이콘텍스트 문화'로 설명되는 반면, 외국의 문화는 국가 또는 지역별로 차이가 있겠지만 '로우 콘텍스트 문화'로 설명된다. '하이콘텍스트 문화'는 그림에 설명된 대로 말에 대한 해석이 말하는 사람(speaker)의 책임이 아니라, 듣는 사람(listener)의 책임이 더 큰 문화적 특성을 가진 문화이다.

**그림 3-1 하이콘텍스트 문화와 로우 콘텍스트 문화**

**(한국) 하이콘텍스트 문화**

- 분위기 파악
- 이심전심
- 행간 읽기
- 침묵은 금
- '아'하면 '어'한다

느낀다 → 듣는 사람의 책임이 크다

**하이 콘텍스트 문화의 특징**

- 직접적 표현보다 우회적이고 간접적 표현을 선호
- 애매하고 해석의 여지를 남기는 표현을 선호
- '상식'이 공유되기 때문에, 구체적으로 언어로 표시하지 않아도 말하고 싶은 것을 정확히 전달 가능
- 많은 것을 얘기하지 않음
- 포괄적, 비유적 표현을 선호

**(외국) 로우 콘텍스트 문화**

- 표현한다
- 설명한다
- 토론한다
- 설득한다
- 교섭한다

전달한다 → 말하는 사람의 책임이 크다

**로우 콘텍스트 문화의 특징**

- 분석적, 직접적이고 이해하기 쉬운 표현을 선호
- 단순하고 심플한 로직과 이론을 선호
- 명확한 구두 전달 및 서면 문장 표현을 요구
- 과묵한 것은 좋게 평가되지 않음
- 명시적인 표현을 선호

예를 들어, 한국인의 경우 직장에서 흔히들 점심시간에 상사나 선배가 "가자"라고 이야기하면, 듣는 후배나 부하들은 '아! 점심식사하러 가자는 의미이구나'라는 사실로 인지하고 이해하게 된다. 이 같은 커뮤니케이션 문화는 한국에서 태어나 한국에서 살아온 한국인이라면 너무나 당연한 상황이다. 하지만, 이 상황에서 외국인들은 그렇지 않다. 외국인의 입장에서 '가자'라는 동사만 듣고서는 도대체 무슨 말을 하는지 이해하기 어려울 것이다. 외국인 입장에서는 어디를, 언제, 누구랑, 왜, 어떻게 가지는 건지 도대체 이해라기 어려운 것이 당연하다.

흔히들 한국어가 외국인에게 배우기 어려운 이유에 대해 대다수의 한국인들은 한국어의 높임말과 어순(문장에서 동사가 마지막에 오는 구조)으로 생각한다. 물론 한국어의 높임말과 어순도 외국인에게 한국어가 배우기 힘든 이유이다. 하지만 숨겨진 중요한 이유 중 하나가 바로 한국어 자체가 한국이 가진 하이콘텍스트 문화로 인해 압축과 생략이 무척이나 많기 때문에 외국인이 이해하기가 어렵다는 것이다. 동일한 상황에서 들은 한 구절의 '가자'라는 동사에 대해 한국인과 외국인의 생각과 이해는 다르게 된다.

12시, "가자" → (한국인) '아! 점심식사하러 가자는 의미이구나'
→ (외국인) '앗! 어디를 가자는 걸까?'

이렇게 동일한 상황에서 들은 '가자'라는 동사의 뜻에 대해 해석이 달라지면, 그 다음의 커뮤니케이션이 달라지고 결국에는 문화적 갈등의 상황도 발생할 수 있다. 이 "가자"라는 한 구절의 문장에 대해 한국인과 외국인이 어떻게 해석하고 결국에는 어떠한 갈등으로 이어지는지 다음의 표를 살펴보자.

**표 3-1 하이콘텍스트문화와 로우콘텍스트의 커뮤니케이션 차이**

| | 문장 | 해석차이 | 다음 대화 | 속마음 |
|---|---|---|---|---|
| **한국인** | 12시, "가자" | 아! 점심식사 하러 가자는 말이구나. | 어떤 음식 드시러 가실까요? | 오늘은 어떤 메뉴를 먹자고 할까? |
| **외국인** | 12시 "가자" | 앗! 어디를 가자고 하는 걸까? | 대체 어디를 가자는 말이세요? | 정말 답답하다! 왜 구체적으로 이야기하지 않는 걸까? |

**"가자"**라는 한 문장에 대해 한국인과 외국인의 해석의 차이가 발생하게 되어 다음 대화가 달라지고 결국에는 속마음의 차이에서 갈등까지 발생하게 된다. "가자"라는 한국인 상사나 선배의 한 마디에 대해 외국인 직원의 속마음은 '정말 답답하다! 왜 구체적으로 이야기하지 않는 걸까?'로 갈등의 씨앗이 될 수 있다. 그러나 실제 갈등은 외국인 직원에게만 발생하지 않을 수 있다. 외국인 직원의 말을 들은 한국인 상사나 선배는 외국인 직원이 마뜩치 않을 수 있다. 실제 외국인 직원이 "대체 어디를 가자는 말이세요?"라고 한국인 상사나 선배에게 질문을 이어가게 되면, 한국인 상사는 선배는 '역시 외국인이라 커뮤니케이션이 어렵군'이라는 속마음이 생기게 된다. 이 속마음을 표현하지 않는다면 갈등은 외국인의 속마음에서 끝날 수 있다. 하지만 이 속마음을 표현하면 또 다른 갈등이 발생한다.

**"레씨는 왜 그렇게 한국어를 못 알아듣지? 한국에서 한국사람과 일하려면 한국어 공부를 좀 더 해야 하지 않겠어?"**

이 말을 들은 레의 마음은 어떨까? 외국인 직원 레는 이 말을 듣고 나면 또 다른 속마음이 생길 것이다. '도대체 한국인들은 자신들이 제대로 이야기하지 않고서 왜 외국인들이 잘못 이해한다고 일방적으로 생각하는 걸까?'라고 생각할 수 있을 것이다. 물론 이 속마음을 한국인 상사나 선배에게 입 밖으로 직접 표현한다면 한국인과 외국인 사이에는 또 다른 갈등이 계속 이어지게 될 것이다. 결국 "가자"라는 압축되고 생략된 말 한 마디에 외국인 직원 왕밍은 점심을 먹으러 가기 전에 마음이 상하여서 입맛이 없어지게 될 것이다.

이 같은 사례는 일상에서 발생하는 갈등이다. 하지만, 한국인과 외국인이 일하는 직장에서는 이러한 커뮤니케이션 문화의 차이는 일에 대한 갈등으로 이어지고 일하는 방식의 차이로 한국인과 외국인의 협업이 제대로 이루어지지 않을 수 있다. '가자'라는 동사 대신 '잘해보자'라는 동사가 들어간 아래의 대화를 살펴보자.

박한국 매니저: 거 좀 잘해봅시다.
레: 네?
박한국 매니저: 일 좀 잘해보자구요.
레: 네, 열심히 하겠습니다.
박한국 매니저: 열심히 말고 잘해보자구요.
레: 네?
박한국 매니저: 잘해보자라는 말 몰라요?
레: 열심히 하라는 말씀 아닌가요?

위의 대화를 보면, 외국인 레의 입장에서는 도대체 무엇을 잘해보자는 건지 도무지 이해하기 어렵다. 박한국 매니저가 얘기한 '잘해보자'라는 의미를 이해하기가 무척 어렵다. '어떤 일을 잘해보자는 건지, 아니면 일을 잘 못했으니 앞으로는 잘해보자는 건지?'를 도통 이해하기가 너무 어려운 것이 사실이다. 그러니 박 한국 매니저와 레는 서로 협업하기가 어려울 것이다. 커뮤니케이션 문화적 차이로 인해 서로 간의 의사소통이 제대로 이해되지 않기에 업무적으로 행동이 어려운 것이다.

외국인 입장에서 보면 한국의 하이콘텍스트 문화는 정말로 어려운 문화적 특성이 될 것이다. 말을 듣는 사람이 말하는 사람의 입장에서 상황을 이해하여 압축과 생략이 많은 말을 하더라도 이를 찰떡같이 이해해야 하기 때문이다. 이러한 하이콘텍스트문화는 비단 한국문화만의 특성은 아니다. 이웃국가인 일본과 중국도 이러한 비슷한 하이콘텍스트문화적 특성이 있다. 반면, 알파벳을 문자로 사용하는 유럽과 미국의 서구권에서는 로우콘텍스트의 문화적 특성이 강하다. 따라서, 듣는 사람이 아니라 말하는 사람이 제대로 상황을 잘 전달해야 한다. 이 때문에 한국인 입장에서는 서구인이 한국인보다 표현력, 설명력, 토론력, 설득력, 교섭력이 높다고 생각할 수 있다. 문제는 이러한 문화적 특성으로 인해 커뮤니케이션의 문제가 발생하고 앞에서 설명한 대로 갈등의 문제로까지 이어질 수 있다는 점이다. 그렇다면 이러한 문화적 특성이 서로의 언어가 아닌 공용어인 영어로 표현한다면 사라질 수 있는 문제인 것이가? 앞에서 설명했던 12시경 한국인 상사 또는 선배가 이야기했던 "가자"라는 표현을 영어로 쓴다면 〈표 3-1〉과 같은 갈등이 발생하지 않을 것인가?

**표 3-2 하이콘텍스트문화와 로우콘텍스트의 영어 커뮤니케이션 차이**

| | 문장 | 해석차이 | 다음 대화 | 속마음 |
|---|---|---|---|---|
| 한국인 | 12시, "Let's go" | He(She) means we will go out for lunch | What do you have for dinner | What menu do he(she) want to eat? |
| 외국인 | 12시 "Let's go" | I don't understand his(her) words. | You mean, where are you going? | It is frustrating! Why do not you tell me specifically |

〈표 3-2〉에서 보는 바와 마찬가지로 한국어로 이야기를 하든지, 전 세계 공용어인 영어로 이야기하든지 문화적 특성에 따라 한국인과 외국인의 해석이 달라지게 되고 결국에는 비슷한 갈등문제로 이어지게 된다. 그렇다면 어떻게 해야 할까? 어느 한 쪽에서 일방적으로 노력하면 해결될 수도 있다. 가령, 한국 예능 프로그램에서 자주 등장하는 외국인 연예인 샘 해밍턴(호주 출신)은 한국어에 능숙하고 한국에서 오랫동안 거주했기 때문에 한국의 하이콘텍스트문화에 익숙하여 "가자"라는 한국어를 듣게 되면 대다수의 한국인처럼 '점심먹으러 가자'라는 말로 찰떡같이 이해할 것이다. 이렇게 되기 위해서는 샘 해밍턴처럼 한국어에 능숙하고 한국에 오랫동안 거주하여 한국의 하이콘텍스트문화에 익숙해져야 가능하다. 반대로 외국인이 샘 헤밍턴처럼 한국어에 능숙하지 않고 한국에 오랫동안 거주하지 않아서 한국의 하이콘텍스트문화에 익숙하지 않은 상황에서 반대로 한국인이 영어에 익숙하고 로우콘텍스트문화에 익숙하여 "Let's go" 대신 "We will go out for lunch"로 표현해준다면 마찬가지로 〈표 3-1, 2〉와 같은 갈등상황은 발생하지 않을 것이다. 하지만 이 같은 상황은 아주 특수한 경우가 아니라면 어렵다. 그렇다면 일반적인 상황에서는 어떻게 해야 할까? 방법은 의외로 간단하다. 서로가 서로의 입장을 이해하고 노력하면 된다는 것이다. 〈표 3-3〉을 살펴보자.

**표 3-3 하이콘텍스트문화와 로우콘텍스트의 커뮤니케이션 접근방법**

| | 문장 | 속마음 | 다음 대화 |
|---|---|---|---|
| 한국인 | 12시,"가자" | 아! 레 씨는 외국인이어서 이렇게 표현하면 이해하지 못할 수 있겠구나! | 우리 점심식사 하러 밖으로 나갈까요? |
| 외국인 | 12시"가자" | 앗! 내가 이해하기 힘든 말인데, 어떻게 물어보는 것이 좋을까? | 점심식사 시간이 되었으니, 점심식사 하러 밖으로 나가자는 말씀이신 거죠? |

〈표 3-3〉처럼 12시경 함께 일하는 직장에서 **"가자"**라는 말에서 문화적 차이가 있는 한국인과 외국인이 서로의 입장을 조금만 이해하고 배려해 준다면

〈표 3-1, 2〉와는 다르게 문화적 특성에 따라 커뮤니케이션의 갈등이 발생하지 않고 서로를 더 존중하는 자세와 배려로 국적과 문화는 다르지만 동일한 조직구성원임을 느낄 수 있다. 생각과 문화의 차이가 있다고 하더라도, 언어의 차이가 있다고 하더라도 서로를 이해하려는 입장이 조금만 있게 되더라도 이러한 차이에서 발생하는 갈등의 문제를 사전에 예방할 수 있다.

### (2) 외국인 직원들과의 협업

외국인과의 협업은 한국에서 태어나서 교육받고 한국회사에서 직장생활을 하던 한국인들에게는 참 낯설고 원하지 않는 상황일 수 있다. 그리고 그리 반갑지 않은 상황일 수 있다. 하지만 글로벌 경영환경이 일반화되고 한국 사회의 다양성이 증가하면서 외국인과의 협업이 활발히 진행되는 작금의 상황에서는 '왜 나에게만 이런 상황이 발생하는 걸까?'가 아니라 외국인과 함께 일하는 것은 한국인 누구에게나 일반적인 상황이 될 수 있다.

2019년 유행한 '90년대생이 온다'라는 책에서 세대 간의 갈등의 문제가 결국 세대 간의 문화적 차이이고 그로 인해 발생하는 커뮤니케이션의 문제라고 언급되었다. 90년대생들의 문화가 간단하기 때문에 빠르고 압축적인 단어를 선호하여 '사진' 대신 더 짧은 '짤'이라는 단어를 사용한다는 것이다. 그래서 70~80년대 생은 이러한 90년대생의 문화를 이해하여 90년대생의 간단하고 단순한 언어를 이해하려고 노력하고 90년대생들은 자신의 세대와 다른 70~80년대 생의 줄이지 않는 문화를 이해하여 단순화하지 않은 원래의 언어를 쓰도록 노력해야 한다고 했다.

이와 마찬가지로 외국인과 한국인의 경우도 앞에서 설명한 대로 하이콘텍스트문화와 로우콘텍스트문화적 차이로 인해 커뮤니케이션 등 여러 가지 갈등의 문제가 발생할 수 있기 때문에 서로의 입장에서 생각하고 이해하려 하면서 조금만 배려를 한다면 생각, 문화적 차이는 물론 언어에서 오는 갈등의 문제도 줄이거나 예방할 수 있을 뿐 아니라 상대방에 대한 배려심을 느끼면서 국적과 문화는 다르지만 더욱 함께 일하는 동료임을 느낄 수 있게 된다. 앞에서도 언급한 대

그림 3-2 외국인과 한국인의 차이

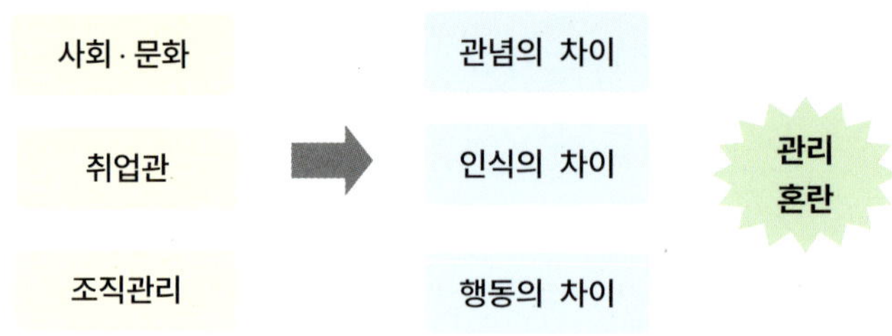


로 외국인 직원들과 일하는 것은 비단 해외에서 일하는 경우만의 일이 아니다. 한국에서 일하는 외국인 직원들은 계속해서 증가할 것이 자명한 일이다. 그렇다면 이들을 자연스럽게 대하고 배려해야 한다.

'외국인 직원들과 본격적으로 함께 일하려면?'. 앞에서도 언급하였지만 한국에서 태어나 교육받고 한국기업에서 직장 생활을 하는 한국인에게는 낯선 상황일 수 있으나, 이제는 자연스럽게 받아들여야 한다. 외국인 직원의 관리를 외국어를 잘하는 후배에게 맡길 수는 없다. 그렇다고 제스처를 써가면서 커뮤니케이션을 최소화하면서 함께 일할 수도 없다. 외국인 직원에게 한국문화를 이해하고 한국어에 능숙해지라고 강요할 수도 없다. 모두 요즘 모든 사람들이 인지하는 소위 '갑질' 행위이기 때문이다. 그렇다면 외국인과 함께 일한다면 한국인인 나는 어떻게 행동해야 할까? 한국인과 함께 일한다면 외국인인 나는 어떻게 행동해야 하는 걸까? 다음의 6가지 상황만 잘 인식하여 실제로 실행하면 된다.

① 외국인 입장에서 먼저 생각해 보기
② 대화를 할 때, 모든 상황을 안다고 가정하지 말고 나누어서 구체적으로 설명하고 표현하기
③ 끝까지 듣고 나서 외국인 입장에서 생각해보고 말하기
④ 외국인 직원이 있어서 불편하다고 생각하지 말기
⑤ 외국인 직원이 있어서 자신의 표현력이 풍부해진다고 믿기
⑥ 외국인, 외국어, 외국문화에 관심을 가져보기

이 6가지 상황이 물론 생각하기에 따라 불편할 수 있다. 그러나 이러한 생각은 글로벌 경영환경이 보편화되고, 한국 사회에 다양성이 증가하는 현실에서 아주 안 좋은 생각이 될 수 있다. 과거로 돌아갈 수는 없다. 변화하는 현실에 맞추어 적응을 해야 하기 때문에 관리자로서 지금까지 익숙했던 하이콘텍스트문화에서 벗어나 로우콘텍스트문화에도 익숙해질 필요가 있다. 외국인의 입장에서도 마찬가지이다. 로우콘텍스트문화에서 압축과 생략이 빈번한 아이콘텍스트 문화로의 변화에 익숙해져야 한다. 물론 이 과정에서 압축과 생략이 많은 한국인과의 협업 커뮤니케이션에서 너무 무모한 추리와 유추는 금물이다. 모를 때, 그리고 확실치 않을 때는 문화적 차이에 대한 번거로움이 있더라도 다음과 같이 무조건 물어 보아야 한다(물론 존대법으로 물어보는 것이 좋다).

**"사장님, 어디를, 누구와, 언제, 왜, 어떻게 가자고 말씀하신 겁니까?"**
**"사장님, 어떤 일을, 누구와, 언제, 왜, 어떻게 하자고 말씀하신 겁니까?"**

변화는 불편할 수 있지만, 또 다른 즐거움이고 확장일 수 있다. 한국의 1970년대에 태어난 소위 '꼰대(kkondae)'세대[1]가 처음부터 햄버거와 피자에 익숙해진 세대는 아니었다. 1988년 서울 올림픽을 지나면서 그들의 식생활이 다양해졌다. 물론 아직도 한식이 익숙하지만 꼰대분들이나 또는 그 이전 세대들이 한국음식만 고집하고 있다면 이 세상의 다양하고 맛있는 미식의 세계에 입문하지 못했을 것이다. 그리고 현재에는 한국의 음식과 전 세계의 음식이 서로 교류하고 융합하여 다양하고 맛있는 퓨전요리들이 탄생하고 있다. 마찬가지로 한국인들끼리 일하는 시대는 이미 저물고 있다. 그리고 한국인들끼리만 일하는 것은 그 한계가 있다. 생각

1) 꼰대 또는 꼰데는 본래 아버지나 교사 등 나이 많은 사람을 가리켜 학생이나 청소년들이 쓰던 은어였으나, c최근에는 자기의 구태의연한 사고방식을 타인에게 강요하는 이른바 꼰대질을 하는 직장 상사나 나이 많은 사람을 가리키는 말로 변형된 속어이다.
이 말은 서울에서 걸인 등 도시 하층민이 나이 많은 남자를 가리키는 은어로 쓰기 시작했다. 1960년대부터 1980년대까지는 주로 남자 학생이나 청소년들이 또래 집단 내에서 아버지나 교사 등 남자 어른을 가리키는 은어로 썼으며, 이들의 사회 진출과 대중 매체를 통해 속어로 확산되었다. 다른 나라에서는 비슷한 뜻으로 영어인 부머(boomer)를 사용한다.

의 한계가 있고 능력의 한계가 있다. 음식의 다양성처럼 일하는 동료들의 다양성은 한국인들끼리 일했던 과거의 한계를 극복하고 탈피하여 새로운 기회와 성장동력을 제공해 줄 수 있다. 이를 얻기 위해서는 그 과정에서 외국인과 한국인 사이의 불편함이라 생각하지 말고 함께 협업해야 하는 다양성을 위한 투자, 성장을 위한 변화로 생각하며 상대방 외국인이나 한국인을 위해 6가지 행동강령을 실행해보도록 하자. 외국인과 한국인이 자연스럽게 함께 일할 수 있는 시작점이 될 것이다.

## 2. 한국인과 외국인의 문화적 차이

외국인과 한국인이 일하는 방식의 차이에서 가장 원인이 되는 커뮤니케이션 방식의 차이에 대해 알아보았다. 하지만, 이 차이만 알고 주의하게 되면 외국인과 한국인이 함께 일하는 것이 아무런 문제가 없을까? 다음의 대화를 살펴보자(존대법에 유의해서 살펴보자).

| | |
|---|---|
| 한과장 | 레, 전표처리 금액과 실제 지출금액이 맞지 않는데 이것 확인했다고 하지 않았나요? |
| 레 | 과장님, 오래되어서 기억이 나지 않습니다. |
| 한과장 | 아니 불과 한 달 전 일인데 기억이 나지 않는다니요? 제가 확인해봤는데 전표처리금액과 지출금액이 동일하지 않습니다. 확인하고 수정해주세요. |
| 레 | 과장님, 확실히 맞지 않는 것 확인하시고 제게 말씀하시는 건가요? |
| 한과장 | 내가 그럼 확인도 안 하고 말한다는 의미인가요? 저랑 함께 일하는 3달 동안 매번 같은 실수를 하시네요. 신입직원도 아니신 분이 왜 이런 실수를 하시는 건가요? |
| 레 | 아마도 전표를 올린 사람이 잘못 올린 것 같습니다. 제가 한 번 알아보지요. (확인 후) 확인해봤는데 사소한 일이었습니다. |
| 한과장 | 사소한 일이라니요? 전표처리금액과 실제 지출금액이 맞지 않으며 회사 전산 내용에 영향을 줄 수 있는 중대한 일입니다. 경력직원이신 분이 왜 그러시는 걸까요? |
| 레 | 경력직이랑 이번 일이 무슨 상관관계가 있나요? |
| 한과장 | 제가 3개월 동안 살펴보았는데 매달 같은 실수를 하셨어요. 신입직원도 아니신 분이 그런 실수를 반복하시기에 얘기한 겁니다. |
| 레 | 과장님, 제가 이전에 함께 근무했던 한국인 상사분은 이런 식으로 사람을 모욕주지 않았습니다. 그리고 설명 제가 잘못을 했다 하더라도 사무실에서 여러 직원들 보는 데에서 이러시는 것은 너무 모욕적입니다. |
| 한과장 | 아니 그러면 제가 잘못했다는 건가요? |

위의 대화는 함께 일하는 한국인 한과장과 외국인인 레의 업무 중의 대화이다. 이 대화를 본 한국인들은 대부분 큰 잘못이 레에게 있다고 생각할 것이다. 그렇다면 과연 큰 잘못이 레에게만 있는 걸까? 로우콘텍스트 문화를 가진 외국인인 레의 입장에서 살펴보면 한국인 한과장에게도 다음과 같은 3가지 잘못이 있다.

① 레의 잘못이 심각한 경우 3개월 동안 지켜볼 필요 없이 바로 조치를 취했어야 함
② 업무를 잘하는 것과 '경력직'과는 아무런 상관관계가 없음
③ 모두가 함께 일하는 공개적인 장소에서 사람을 망신주고 질책함

한과장이 레의 입장에서 살펴본 이 3가지 잘못에 대하여 아마 한국인들은 매우 당혹스러울 것이다. 그도 그럴 것이 한과장 입장에서 보면 경력직인 레가 일처리를 제대로 못했기 때문에 레에게 잘못에 대해 질책하는 것이 한국 조직문화에서는 이상할 것이 없기 때문이다. 이 사건에 대해 한차장과 레는 〈표 3-4〉와 같이 생각할 것이다.

**표 3-4 하이콘텍스트문화와 로우콘텍스트문화의 업무접근 방식의 차이**

| | 사건 | 대화 | 속마음 |
|---|---|---|---|
| 한과장 | 3달 동안 동일 실수 반복 | 3달 동안 매번 똑같은 실수를 하고 있으십니다. | 내가 한두 번 실수를 가지고 이야기하는 것이 아니다. |
| | 경력직 언급 | 경력직이신데 왜 이런 실수를 계속하시는 건가요? | 경력직으로 일하는 사람이 도대체 왜 신입사원과 같은 실수를 하는 걸까? |
| | 공개적인 장소에서 질책 | 사무실에서 여러 직원들 보는 데에서 이러시는 것은 너무 모욕적입니다. | 경력직으로 일하는 사람이 이리 큰 실수를 했는데 사람 많은 장소에서 질책하는 것은 아무 문제없다. |
| 레 | 3달 동안 동일 실수 반복 | 확인해 봤는데 사소한 일이었습니다. | 회사 존망(존속과 멸망)이나 이익에 영향을 주는 요인이 아니다. |
| | 경력직 언급 | 경력직이랑 이일이랑 무슨 상관관계가 있나요? | 일에 대한 잘못과 경력은 아무런 상관관계가 없다. |
| | 공개적인 장소에서 질책 | 이전에 근무했던 한국인 상사분은 이런 식으로 사람을 모욕주지 않았습니다. | 공개적인 장소에서 큰 잘못도 아닌 일로 사람을 질책하는 것은 매우 모욕적이다. |

〈표 3-4〉를 보고 나면, 다시 한 번 한국인들은 당황하게 될 것이다. 분명 한과장 쪽에는 아무런 잘못이 없는 것 같은데 이렇게 생각의 차이가 나고 레의 입장에서 보면 한차장 쪽에서도 분명히 잘못이 있기 때문이다. 따라서 한과장의 입장에서는 외국인인 레와 함께 일하기 위해서 차후에 다음의 3가지 잘못에 대한 수정이 필요하다.

① 3달 동안 동일 실수 반복→실수가 1회성이라 하더라도 중대하거나 중요한 실수의 경우 지켜보지 말고 바로 지적하여 행동을 수정하도록 할 것

② 경력직 언급→한국인의 고정관념(경력이 많을수록 업무를 잘 수행할 것이다)을 버리고 향후 경력직과 잘못을 연관시켜 언급하지 말 것

③ 공개적인 장소에서 질책→칭찬이 아니라 질책의 경우 공개적인 업무장소가 아닌 일대일 면담을 통해 진행하고 공개적인 장소를 피할 것

**표 3-5** 문화적 차이를 나타내는 8가지 기준

| 1 | **의사소통** | **저맥락** |  | **고맥락** |
|---|---|---|---|---|
| 2 | 평가 | 직접적인 부정적 평가 |  | 간접적인 부정적 평가 |
| 3 | 설득 | 원칙우선 |  | 적용 우선 |
| 4 | 조직관리 | 수평적 |  | 수직적 |
| 5 | 의사결정 | 합의적 |  | 하향적 |
| 6 | 신뢰 | 업무중심적 |  | 관계중심적 |
| 7 | 이의 제기 | 대립적 |  | 대립회피적 |
| 8 | 일정관리 | 직선적 시간 |  | 탄력적 시간 |

그렇다면 이 같은 입장차이는 어디에서 비롯되는 걸까? 결국 업무스타일의 차이라고 생각할 수 있는데, 이 같은 업무스타일의 차이는 결국 문화의 차이 때문에 발생한 일이다. 한국과 외국의 문화차이는 앞서 설명한 하이콘텍스트와 로

우콘텍스트문화의 차이로도 설명할 수 있지만 [표 3-5]처럼 한국, 중국, 미국의 문화차이를 하이콘텍스트와 로우콘텍스트문화를 포함하여 7가지 기준으로 문화적 차이를 이해할 필요가 있다.

첫째, 하이콘텍스트와 로우콘텍스트문화는 이미 설명한 바대로 대화가 이루어지는 상황에 대한 설명을 말하는 사람(話者)이 따로 설명하지 않고 듣는 사람(聽者)이 알아서 이해하는 문화가 하이콘텍스트 문화적 특성이 강한 한국과 중국이다. 반대로 미국의 경우 로우콘텍스트문화로 대화가 이루어지는 상황에 대한 설명을 말하는 사람(speaker)이 정확히 설명하여 듣는 사람(listener)이 이해가 제대로 이루어지도록 하는 문화이다. 다음 상황을 가정해보자.

---

**12시 정오, 한국사람 "가자"**

**중국사람 "請之" vs 미국 사람 "What do you have for dinner"**

---

이 상황에 대해 한국사람이나 중국사람이 생각할 때에 미국사람은 동일한 말을 왜 길게 이야기하는지 의아해 할 것이다. 하지만 이것이 바로 하이콘텍스트와 로우콘텍스트문화 차이에서 나타나는 대화방식의 차이인 것이다. 따라서, 하이콘텍스트문화권의 사람들은 즉, 한국 사람들이나 중국사람들은 로우콘텍스트문화권에 있는 미국 사람들에게 압축과 생략된 표현을 지양하고 상황을 상세히 설명하여 전달하려는 배려가 필요하다.

둘째, 평가의 정도이다. 유럽권의 해양국가로 전성기를 누렸던 영국, 네덜란드의 경우 직접적인 부정적인 평가에 대해 매우 수용적이다. 반면에 유교문화권의 한국과 중국, 그리고 이민자 사회로 다양성이 높은 미국의 경우 직접적인 부정적 평가가 어렵고 간접적인 부정적 평가를 해야 한다. 즉, 상대방이 듣기 싫은 부정적인 말을 직접적으로 하는 것보다는 에둘러서 간접적으로 표현해야 한다는 의미이다. 그렇다면 영국과 네덜란드의 경우 같은 미국과 같은 서구 문화권임에도 불구하고 직접적으로 부정적인 평가를 할 수 있는 것일까? 이유는 간단하다.

영국과 네덜란드는 스페인과 포르투갈에 이어 인도와 중국 등 아시아로의 무역 확장을 위해 새로운 항로를 개척하는 것이 필요했다. 이를 위해서는 새로운 항로를 개척하기 위한 조류, 바람, 항해법, 지리 등 다양한 정보가 필요했고 여기에서 발생하는 다양한 상황에 대한 시행착오를 최소화하는 것이 필요했다. 신대륙으로부터 대규모 은이 차입되던 스페인과 포르투갈에 비해 상대적으로 자원이 열세였던 영국과 네덜란드는 시행착오를 최소화하는 것이 급선무였다. 따라서 새로운 항로나 무역거점을 확보하기 위해 상대방으로부터 어떤 부정적인인 평가를 받더라도 시행착오를 최소화해야 했기에 이 같은 문화가 형성된 것이다. 미국의 경우 같은 서구권이라 하더라도 다양한 이민자들에 의해 건설된 국가이기 때문에 다양성을 수용하는 문화가 필요했기에 서로 다른 이문화를 가진 구성원들에게 직접적으로 부정적인 피드백을 주는 것을 지양했기 때문이다.

셋째, 설득의 기준이다. 유교문화권인 한국과 중국의 경우 상대방을 설득하는 기준이 '원칙'보다는 '적용'이 우선이다. 왜냐하면 중국의 경우 전 세계에서 가장 경제적으로 풍요롭고 거래선이 풍부했으나 통일과 분열의 반복으로 단순한 거래선이 아닌 가족처럼 믿을 수 있는 신뢰할 수 있는 거래선의 확보가 필요했기에 거래를 하기 전에 서로간에 신뢰를 확보하는 소위 '꽌시(서로간의 신뢰할 수 있는 관계 형성)'가 중요한 거래의 조건이다. 일단 서로간에 '꽌시'가 형성되면 설득의 기준이 원칙이 될 필요가 없이 그냥 서로가 신뢰하기 때문에 적용이 우선이 된다. 한국의 경우도 삼국시대 및 후삼국 시대를 제외하고는 통일 국가를 형성했기 때문에 지배층과 피지배층의 신분구조와 경제적 지위가 명확했기 때문에 상대방에 대한 설득기준이 '원칙'이 아닌 '적용'이 우선될 수밖에 없었다. 미국의 경우는 앞서 설명한 대로 이민자에 의해 건설된 다양성의 국가였기 때문에 한 가지 원칙을 세워 다양성을 가진 이민자들을 설득하고 포용하기가 어려웠기 때문에 실용주의를 표방하며 설득에 있어 '원칙'보다는 '적용'을 우선시할 수밖에 없었다.

이에 비해 유럽권, 특히 서유럽권의 경우 기독교를 수용한 이후 강력한 교황권을 바탕으로 신권사회가 중세에까지 이어졌고, 르네상스 이후에는 중앙집권화된 왕권을 바탕으로 국가가 지배되었기 때문에 상대방을 설득함에 있어 철저한 '원칙'과 법이 필요하게 되었다. 이로 인해 현대법이 경우도 독일을 중심으로 한 대륙법과 미국을 중심으로 한 해양법으로 양분화되어 있다.

넷째, 조직관리의 방식이다. 유교문화권인 한국과 중국의 경우 조직관리에 있어 '상명하복'의 문화가 강한 것이 현실이다. 중국의 경우 황제를 중심으로 한 통치방식이 한국의 경우 왕권은 미약했지만 양반을 중심으로 한 신분사회가 공고히 이어져왔기 때문에 조직관리에 있어 지위나 신분 또는 선후배간의 관계가 우선시되어 조직문화가 형성되었다. 이에 비해 이민자에 의해 건설된 미국의 경우 건국초부터 대통령제가 정치의 근간이 되었고, 신분과 경제적 토대가 세습되는 국가 구조가 아니었고 지속적으로 외부에서 이민자들이 유입되었기 때문에 서로가 평등하게 대할 수밖에 없었다. 따라서 한국 및 중국과는 다르게 조직 내에서 신분이 아닌 능력에 의해 대우를 받는 문화가 형성되어 조직관리에 있어 구성원 간의 수평성이 중시될 수밖에 없었다.

다섯째, 의사결정의 방식이다. 앞서 설명한 대로 한국과 중국은 유교적인 문화와 더불어 지배와 신분구조가 지속적으로 세습되었기 때문에 조직관리에 있어서 '수평'이 아닌 '수직'의 관리문화가 지배적이다. 이 때문에 당연히 조직 내 의사결정 방식이 하향적일 수 밖에 없다. 즉 신분, 지위, 선배 등 조직 내 상위층의 의견이 하위층에 그대로 하향적으로 전달되는 Top-down방식으로 의사결정이 되는 것이 일반적이다. 이해 비해 이민자들에 의해 건설된 미국의 경우 앞서 설명한 대로 신분과 경제적 토대가 세습되는 국가 구조가 아니었고 지속적으로 외부에서 이민자들이 유입되었기 때문에 서로가 평등하게 대하는 것이 당연했기 때문에 조직 내 의사결정 방식이 서로가 합의하는 방식으로 형성되었다.

여섯째, 신뢰의 방식이다. 미국의 경우 이민자들에 의해 건설된 다양성이 높은 사회이기 때문에 구성원들이 서로 다른 이문화를 가진 채 서로의 생활방식을 유지하는 사회이다. 이 때문에 서로가 서로를 대하는 방식이 동일문화권이 아니기 때문에 업무중심적으로 상대방을 대하게 되었다. 즉, 문화적 다양성이 허용되는 사회이기 때문에 서로의 문화에 대한 갈등은 뒤로 한 채 업무를 최우선 순위에 놓고 업무를 중심으로 상대방으로 신뢰하는 문화가 형성된 것이다. 이에 비해 앞에서 설명한 대로 중국의 경우 거래에 앞서 서로가 서로를 신뢰할 수 있는 '꽌시'가 형성된다면 상대방을 업무를 중심으로 대하기보다는 지속적으로 신뢰의 관계가 유지될 수 있도록 관계중심적으로 상대방으로 대하는 것이 일반적이 되었다. 한국의 경우도 오래도록 폐쇄적인 신분제를 중심으로 한 국가가 이어졌기 때문에 권력을 유지하기 위해 지배계층끼리 서로의 관계를 형성하는 것이 일반적인 관습이 되었다. 조선시대에 유행하던 유력 가문끼리의 결혼이 이러한 관습을 설명해 주는 좋은 사례가 된다. 이 때문에 한구과 중국의 경우 상대방을 신뢰하는 방식이 일 다시 말해, 업무가 아닌 관계중심적으로 형성되게 된 것이다.

일곱째, 이의제기에 대한 수용방식이다. 앞서 설명한 대로 이민자에 의해 건국된 미국의 경우 실용주의를 표방하며 상대방을 설득하는 데 있어 '원칙'보다 '적용'이 우선된다고 하였다. 실용주의를 표방한 이유는 이민자들에 의해 건설된 다양성이 높은 국가임과 더불어 동부에서 서부로 국가가 확장되면서 원주민인 인디언과의 충돌, 이웃국가인 멕시코와의 충돌, 미지의 세계에 대한 정보 부족 등으로 다양한 시행착오를 겪게 되었다. 이 과정에서 이 시행착오를 최소화하고 다양한 이해 집단과의 충돌에서 승리하기 위해 이의 제기에 대해 적극적으로 나서면서 갈등에 대해서는 주저하지 않으며 승리하고 차지하기 위해 대립을 피하지 않았다. 반면 유구한 역사를 가진 한국과 중국의 경우 물론 분열과 통일이 반복되기는 하였지만 분열보다는 안정적인 통일의 기간이 더 길었기 때문에 이의제기에 대해서는 대립 관계를 피하고 안정성을 유지하고자 하는 문화가 형성되었다. 특히 통일과 분열이 반복된 중국의 경우 한국보다는 서로 간의 이해관계가 대립되었기 때문에 한국과 동일하게 유교문화와 동아시아권의 문화에 있으면서도 필요한 경우 대립에 대해서는 적극적으로 나서는 문화가 나타났다. 반면 거의 분열이 없으면서 안정적으로 통일국가를 유지한 한국의 경우 지배층-피지배층의 구조가 명확했기 때문에 이의제기가 아무런 의미가 없었고, 지배층의 경우 오래도록 체면문화가 형성되었기 때문에 극한 대립이 아니고서는 한국 속담처럼 '좋은 것이 좋은 것이다'라는 대립회피적이 문화가 형성되었다.

**그림 3-3 국가별 시간관념의 차이**

"재미있군요. 우리 독일 사람들은 영국인들이 시간을 잘 안 지킨다고 생각하는데요."
"재미있군요. 우리 영국 사람들은 프랑스인들이 시간을 잘 안 지킨다고 생각하는데요."
"재미있군요. 우리 프랑스 사람들은 중국인들이 시간을 잘 안 지킨다고 생각하는데요."
"재미있군요. 우리 중국 사람들은 인도인들이 시간을 잘 안 지킨다고 생각하는데요."
"재미있군요. 우리 인도 사람들은 ○○인들이 시간을 잘 안 지킨다고 생각하는데요."

여덟째, 시간에 대한 인식수준이다. 시간에 대한 인식수준에 있어서는 한국도 과거에 "Korean Time"이라는 말이 있을 정도로 서구 사람들에게 있어서는 자신들에 비해 상대적으로 한국인의 시간관념이 없다고 생각해 왔다. 하지만 2000년대가 넘어서는 한국인의 시간관념도 변화하기 시작했다. 한국인의 시간관념에 대한 변화는 산업화의 정도에 따른 생활방식의 변화가 큰 원인이 되었다. 하지만 국가별로 시간에 대한 관념은 우리나라처럼 특수한 경우보다 그 나라의 역사적 문화가 큰 작용을 한다. [그림 3-3]을 보자.

이렇게 국가별로 시간관념의 차이가 나는 이유를 간단히 설명하자면 역사문화적 배경 때문이다. 우선 독일 사람들이 영국, 프랑스, 중국, 인도 사람들에 비해 시간관념이 상대적으로 가장 철저한 이유는 독일이 19세기에 통일이 되었기 때문이다. 갑자기 시간관념을 이야기하면서 독일의 통일을 이야기하는 것이 이해가 되지 않을 것이다. 그러나 다음 〈표 3-6〉을 보면 그 상황을 알 수 있다.

**표 3-6 국가별 시간관념의 차이가 나타난 역사적 배경**

| 국가 | 역사적 배경 | 시간관념 |
|---|---|---|
| 독일 | 19세기 통일됨/ 통일 전까지 수십 개의 도시국가 또는 영주(공작/후작/백작/자 | 연맹 또는 연합한 상대방과의 시간약속에 대해 철저함/ 실제 전 세계에서 가장 시계탑이 많은 |

| 국가 | 역사적 배경 | 시간관념 |
|---|---|---|
| | 작/남작령)국가로 유지되어 왔기 때문에 경제적 자급자족이 어렵고 외침에 대한 공동대응이 필요함 | 국가가 독일임 |
| 영국 | 경제적으로 풍족하지 않았기 때문에 해양국가로의 진출이 필수적이었기 때문에 향해에 대한 시간관리가 필요함 | 독일보다는 철저하지 않지만 향해를 위한 시간관리와 무역과 거래를 위한 시간관리가 비교적 철저함 |
| 프랑스 | 상대적으로 다른 유럽국가에 비해 물질적으로 풍요롭고 장원제가 오래도록 유지되어 자급자족이 이루어지는 지역에서 교류가 많지 않았고 농업위주의 시간관리가 중시됨 | 중농주의로 인해 상업보다 농업을 위한 시간관리가 이루어져서 상대적으로 중상주의 국가에 비해 시간관념이 떨어짐 |
| 중국 | 전 세계에서 가장 경제적으로 풍요롭고 거래선이 풍부했으나 통일과 분열의 반복으로 단순한 거래선이 아닌 가족처럼 믿을 수 있는 신뢰할 수 있는 거래선의 확보가 필요했음 | 일단 신뢰할 수 있는 관계(꽌시)가 형성되면 서로간에 시간 약속을 지키지 않더라도 '꽌시'가 이어진다면 시간 약속에 대해 철저하지 않음 |
| 인도 | 인도의 주 종교인 힌두교는 유일신교가 아닌 다신교로 신이 6천개가 넘고, 힌두교는 현세(지금 사는 세상)보다 내세(죽은 후 가는 세상)를 더 중실하는 교리가 있음 | 힌두교에서 우선시하는 내세를 중시하는 종교적 믿음과 카스트 제도(신분제)로 인해 '시간을 잘 지킨다'는 의미가 중요치 않음 |

한국인과 외국인이 서로 함께 일하는 시작점은 위에서 살펴본 대로 이문화 이해와 다양성 관리가 될 것이다. 출산율 감소로 인한 인구절벽문제와 4차 산업혁명 시대에 한국 사회의 글로벌화는 더욱더 빠르게 진행될 것이고 더욱 많은 외국인들과 함께 일하고 살아가게 될 것이다. 이러한 글로벌 환경에서 한국인과 외국인이 서로 함께 협업하여 지속적으로 국가 경쟁력을 확보하기 위해서는 한국인과 외국인 서로가 서로를 이해하는 이문화 역량을 갖추고 타인과 함께 살아갈 수 있는 자세형성 즉 마인드셋(mind－set)이 필요하다.

## 3. 한국인이 말하는 업무성과

요즘 MZ세대를 중심으로 효율적으로 일하는 '일잘러'라는 말이 소위 유행이다. '일잘러'는 '일을 잘하는 사람'이라는 뜻의 신조어로 영어 접미사 '-er'를 붙여서 탄생된 용어이다. 한국인이 생각하는 일잘러의 성과의 가장 큰 기준은 시간 즉, 얼마나 일을 빨리 하느냐 하는 것이다. 이처럼 한국인의 업무 성과 기준에서 일을 빨리 처리하는 것을 중시하는 이유는 다음과 같다.

### (1) 경쟁 심화

아는 바대로 한국은 경쟁이 매우 심한 사회이다. 학업, 취업, 승진 등 모든 분야에서 경쟁이 치열하게 이루어지고 있는 것이 현실이다. 이러한 경쟁 속에서 빠르게 일을 처리하는 능력은 중요한 경쟁력으로 여겨진다.

### (2) 효율성 추구

한국 사회는 효율성을 매우 중요하게 생각하는 경향이 강하다. 시간은 돈보다 귀중하다는 가치관이 널리 퍼져 있으며, 낭비를 최소화하고 최대한 효율적으로 일하는 것을 중요시한다.

### (3) 빠른 변화

한국은 그 어느 국가보다 빠르게 변화하는 사회이다. 한국은 1990년대 IT기술이 빠르게 정착하면서 그 어느 국가보다 기술 발전, 시장 변화, 경쟁 심화 등으로 빠른 속도로 변화하여 한국인들은 빠르게 이런 변화에 적응해야 한다. 이러한 변화 속에서 빠르게 일을 처리하는 능력은 한국인의 생존과 성공에 필수적인 요소일 수밖에 없다.

### (4) 성과 지향

한국 사회는 이미 언급한 바대로 과정보다 성과를 매우 중요하게 생각한다. 목표 달성과 결과에 큰 가치를 둔다. 빠르게 일을 처리하는 것은 높은 성과를 달성하는 중요한 방법으로 여겨진다. 그 이유는 이미 앞에서 설명한 대로 한국 사회는 유교 문화의 영향을 크게 받았기 때문이다. 유교에서는 결과를 중시하는 가치관이 강조되고 특히, '성과'와 '효율성'을 중요시하며, 목표 달성을 위해 노력하는 것을 중요하게 생각하는 경향이 크다. 또한, 한국은 지난 수십 년 동안 소위 '한강의 기적'[2)]이라 불리는 급격한 경제 성장을 이루었다. 이러한 경제 성장 과정에서 결과를 중시하는 가치관이 더욱 강화되었다. 경제 성장을 위해서는 빠른 시간 안에 성과를 내는 것이 중요했고, 과정보다는 결과에 더 큰 집중이 이루어졌기 때문이다. 이로 인해 한국 사회에서는 성공한 사람을 결과에 따라 평가하는 경향이 강하다. 좋은 직업을 가지고 있거나 높은 소득을 얻는 사람이 성공한 사람으로 여겨지고, 과정보다는 결과에 더 큰 관심을 가지는 경향이 크다.

### (5) 교육 시스템

한국 교육 시스템은 시험과 성적에 큰 비중을 두는 것이 현실이다. 학생들은 좋은 성적을 얻기 위해 경쟁하고, 시험에서 좋은 결과를 내는 것이 중요하게 여겨진다. 이러한 교육 시스템은 과정보다 결과를 더 중시하는 가치관을 형성하는 데 영향을 미치고 있다. 그래서 여전히 한국 사회는 대학의 서열화가 강하게 나타나고 있고 초등학교, 중학교, 고등학교 교육의 성과가 어느 대학을 들어가느냐에 달려 있다고 해도 과언이 아니다. 이로 인해 1948년 대한민국 건국 이래 소위 '서연고(서울대, 연대, 고대)'의 대학 서열이 고착화되어 있으며, 2000년대 이후에는 의대 열풍을 넘어 우수학생들은 여러 번의 입시를 거치더라도 의대에 진학하고자 '의대 광풍'현상이 지속적으로 이어지고 있다.

### (6) 근면

한국인은 근면한 국민으로 알려져 있다. 열심히 일하고 노력하는 것을 중요

2) 한강(Han river)의 기적이란 '제2차 세계 대전에서 패전한 서독이 선진국으로 빠르게 도약한 일'을 라인강의 기적이라 부르던 것을 한국에서는 한강에 빗대어 전쟁을 치르고 국토가 황폐화가 되어버린 대한민국도 독일처럼 되어야 한다고 역설했던 것에서 유래하였다. 현재 이 용어는 대한민국에서 6.25 전쟁 이후부터 아시아 금융 위기 시기까지 나타난 반세기에 이르는 급격한 경제 성장을 나타내는 상징적인 용어이다. 홍콩, 대만, 싱가포르와 함께 발전하면서 한국은 아시아를 대표하는 네 마리 용 중 하나로 알려지게 되었다.

시한다. 빠르게 일을 처리하는 것은 근면함의 표현으로 여겨지기도 한다. 그래서 한국사회에서는 책임감이 강조되고 사람을 평가하는 중요한 기준으로 삼는다. 한국인은 책임감이 강한 국민으로 알려져 있다. 맡은 업무에 대한 책임감을 가지고 있으며, 주어진 일을 끝까지 완수하는 것을 매우 중요시한다. 빠르게 일을 처리하는 것은 책임감을 다하는 것으로 여겨지기도 한다.

### (7) 팀워크

한국 사회는 이미 언급한 바대로 개인보다 조직을 우선시하는 성향이 강하여 팀워크를 매우 중시한다. 개인의 목표보다 팀과 조직의 목표 달성을 위해 서로 협력하는 것을 중요시한다. 빠르게 일을 처리하는 것은 팀워크를 향상시키는데 도움이 되기에 소위 '일잘러'의 기준에 영향을 주게 된 것이다.

### (8) 글로벌 경쟁

한국은 전 세계에서 수출이 경제에서 차지하는 비중이 가장 높은 국가이다. 2020년을 기준으로 한국 경제에서 수출이 차지하는 비중은 약 70%이고, 한국에 이어 2위인 독일은 약 54% 정도이다. 다른 어느 국가보다 경제에서 수출이 차지하는 비중이 큰 것이다. 이는 앞에서 설명한 바대로 부존자원이 부족하고 1950년 한국전쟁으로 국토가 황폐화된 상황에서 국가 주도의 경제성장을 추진하며 이른바 '한강의 기적'을 통해 수출주도로 경제성장을 이루었기에 한국 기업들은 글로벌 시장에서 경쟁해야 한다. 글로벌 경쟁 속에서 빠르게 일을 처리하는 능력은 기업의 경쟁력을 강화하는 데 중요하다. 특히 한국기업은 초창기에 기술력이 부족한 상황에서 선진국의 제품과 기술을 모방하는 패스트 팔로우(fast follower)[3]에서 퍼스트 무버(first mover)로 전환하는 과정에서 컴퓨터와 인터넷 등 IT의 발전은 업무 처리 속도를 크게 향상시켰다. 이러한 기술 발전은 빠르게 일을 처리하는 것을 더욱 중요하게 만들었다.

3) 패스트 팔로어(Fast follower)란 새로운 제품, 기술을 빠르게 쫓아가는 전략, 혹은 그 기업을 말한다. 반대말로는 퍼스트 무버(First mover), 트렌드 세터(Trend setter)가 있다.

이 같은 8가지의 이유로 한국인은 업무성과의 기준을 대략적으로 확인할 수 있다. 이 같은 특징을 바탕으로 한국인과 함께 일하기 위해 협업하는 외국인들은 한국인이 중시하는 업무 성과 특징을 파악해야만 하고 이를 바탕으로 협업이 이루어지도록 노력해야 한다. 한국인들의 중시하는 성과기준은 다음과 같이 정리해 볼 수 있다.

### ① 성과 지향

한국인은 목표 달성과 결과에 큰 가치를 두고 있다. 따라서 대부분의 한국 기업은 정량적인 성과 지표(KPI)[4]를 통해 성과를 측정하고 평가하는 것을 중요시한다. 이에 따라 한국인은 끊임없는 노력과 개선을 통해 성과를 극대화하려는 경향이 있기에 한국인과 협업하기 위해서는 성과를 중요시해야 한다.

### ② 협력

한국인은 팀워크와 조직의 목표 달성을 위해 협력하는 것을 중요시한다. 이미 언급한 대로 개인의 성과보다 팀의 성과를 더 중요하게 생각하는 경향이 있기 때문에 한국인과 협업을 위해서는 한국인과 서로 돕고 협력하여 최선의 결과를 얻으려는 노력해야 한다.

### ③ 책임감

한국인들은 맡은 업무에 대한 책임감을 강하게 가지고 있다. 따라서 주어진 일을 끝까지 완수하고, 약속을 지키는 것을 중요하게 생각하고 자신의 업무에 대한 책임감을 가지고 성과를 내는 것을 중요시한다.

4) KPI(Key Performance Indicator) 뜻은 '핵심 성과지표' 또는 '주요 성과 지표'이다. 기업이 비즈니스 목표를 얼마나 잘 달성하고 있는지 판단하기 위해 사용하는 척도를 의미한다. 따라서 수치화할 수 있다는 특징이 있다. 한국기업이 KPI를 강조하는 이유는 목표를 달성하기 위한 전략을 수립하고, 그 프로세스 내에서 현재의 성과와 목표치를 비교하여 성과를 평가하기 위함이다.

### ④ 근면

한국인들은 열심히 일하고 노력하는 것을 중요시한다. 남들보다 더 많은 시간과 노력을 투자하여 성과를 내는 것을 중요시하고 이 같은 근면을 당연시하며 성공하기 위해서는 근면이 필수적이라는 근면함을 통해 성공을 이룰 수 있다는 가치관을 가지고 있기에 사람들을 평가하는 중요한 척도가 되고 있다.

### ⑤ 능력

한국인들은 높은 수준의 지식과 기술을 갖추고 있는 것을 중요시한다. 이에 따라 언급한 대로 한국사회는 그 어느 국가보다 교육열이 높고 끊임없이 배우고 발전하여 자신의 능력을 향상시키려는 노력을 당연시 한다. 자신의 능력을 높여서 전문성을 통해 높은 성과를 내는 것을 중요시한다. 안타깝지만 한국인들은 이렇게 능력도 중시하지만 능력을 키운 교육기관 특히, 대학을 중시하는 경향이 강하다. 앞에서도 언급한 이른바 '서연고'의 대학서열화와 '의대열풍'이 꺼지지 않는 이유이기도 한다. 즉, 소위 명문대학이나 의대를 졸업하면 다른 사람이 자신의 능력을 인정해준다는 고정관념이 여전히 강하게 나타나고 있다.

### ⑥ 끈기

한국인들은 성과지향이 강하기 때문에 당연히 목표를 달성하기 위해 끈기 있게 노력하는 것을 중요시한다. 역사적으로도 한국은 중국이라는 대륙세력과 일본이라는 해양세력 사이에서 지정학적으로 많은 전쟁을 겪었음에도 어려움과 실패에도 굴하지 않고 1910~1945년의 일제강점기를 제외하고는 식민지배를 당하지 않고 외세의 침략을 이겨오며 나라를 유지해 왔기에 역사적으로 목표를 향해 나아가는 것을 중요시한다. 이에 따라 일반적인 한국인들은 끈기를 통해 성공을 이룰 수 있다는 가치관을 가지고 있고 이를 사람의 평가기준으로 활용하는 것이 일반적이다.

### ⑦ 충성

많은 언급한 대로 한국인들은 국가 및 회사와 조직에 대한 충성심을 강하게 가지고 있다. 개인보다 조직의 목표를 위해 최선을 다하고, 조직에 기여하는 것을 중요시하기에 조직에 대한 충성을 통해 성과를 내는 것을 중요시할 뿐 아니라 당연시하는 성향이 강하다. 개인의 행복이나 목표가 당연히 중시되는 외국인의 입장에서 가장 이해하기 어려운 부분이기도 하다.

### ⑧ 겸손

한국인 앞서 설명한 바대로 유교의 영향을 강하게 받아 자신의 성과를 과시하지 않고 겸손하게 행동하는 것을 중요시한다. 그래서 한국인들은 기본적으로 다른 사람들을 존중하고 배려하는 것을 중요시하며 겸손한 자세로 성과를 내는 것을 미덕으로 여긴다.

### ⑨ 열정

최근 한국의 문화 이른바 'K kultue'가 전 세계적으로 유행하는 것을 보면 확인할 수 있지만 한국인들은 자신의 일에 대한 열정을 가지고 있는 것을 중시한다. 자신의 일에 대해 흥미와 즐거움을 가지고 일하는 것을 중요시하기 때문에 열정을 통해 높은 성과를 내는 것을 우선시하고 다른 사람을 평가하는 척도로 삼기도 한다.

### ⑩ 긍정적인 태도

한국은 앞서 설명한 바대로 중국이라는 대륙세력과 일본이라는 해양세력 사이에서 지정학적으로 많은 전쟁을 겪었음에도 국난(national disaster)을 극복해왔기 때문에 한국인들은 긍정적이고 적극적인 태도를 가지고 일하는 것을 중요시한다. 이에 따라 한국인들은 어려움에도 긍정적인 마음으로 해결하려는 노력을 하기에 한국인과 협업하기 위해서는 긍정적인 태도를 통해 성과를 내는 것을 중

그림 3-4 한국인의 성과기준

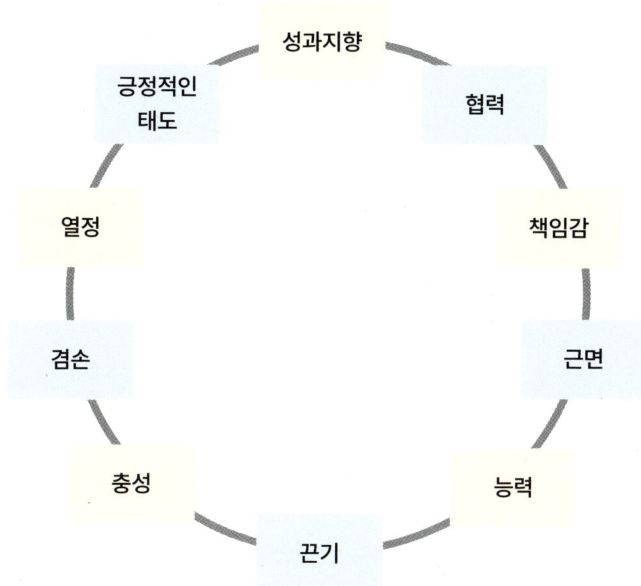


시해야 한다.

이상의 한국인의 성과기준은 [그림 3-4]와 같다. 하지만 이 같은 특징들은 일반적인 경향이며, 모든 한국인에게 적용되는 것은 아니다. 앞에서도 많이 언급한 대로 MZ세대의 경우는 이와는 다른 변화가 나타나고 있으며, 개인의 성격, 가치관, 직업, 회사 문화 등에 따라 업무 성과에 대한 중요도는 다를 수 있다.

## 4. 한국인과 일하기 위한 Tips

한국인이 가장 흔하게 얘기하는 속담이 있다. '세 살 버릇 여든까지 간다.' 한국인이라면 귀에 못이 박히도록 들은 속담 중 하나이다. 이 속담에는 한번 들인 버릇은 여간해서 고치기 힘들다는 뜻을 담고 있다. 한 번 굳어진 행동 방식은 사람을 어떤 식으로든 변화시키게 되어 있다. 좋은 습관 하나가 사람의 인생에 큰 영향을 미치기도 하고, 나쁜 습관 하나가 한 사람의 건강을 해치기도 한다. 그렇기 때문에 처음부터 좋은 습관을 만드는 것을 한국인들은 강조한다.

한국인과 함께 하는 직장생활도 이러한 신조가 바탕이 될 수밖에 없다. 처음 한국인과 일하는 시기에는 모든 상황이 낯설고, 그래서 무엇이든지 새로 익혀야 한다. 이때 처음 익힌 습관이 장기적으로 커리어에 영향을 줄 수 있다. 업무 습관도 생활 습관과 다르지 않아서, 연차가 쌓여 비슷한 일을 할 때 그 습관이 그대로 이어지게 된다. 나중에 시간이 흘러 나쁜 습관을 없애려 하더라도 하루하루 일을 하다 보면 늘 하던 대로, 관성에 따르기 십상이기 때문에 한 번 익힌 습관은 한국의 '세 살 버릇 여든까지 간다' 속담처럼 잘 바뀌지 않기 때문에 한국인과 일하면서 처음부터 좋은 습관을 가지는 것이 중요하다.

따라서 지금 이 책을 보는 지금이 한국인과 함께 일하는 습관을 연마해야 할 최적의 시기이다. 한국인과 일하는 어느 직장에 가도, 어떤 팀에 들어가도 한국인이 인정하는 '일잘러'로 거듭날 수 있는 작은 습관들을 정리해보고, 구체적인 실천방법도 같이 확인해보자. 다음의 내용을 차근차근 살펴보면서 한국인과 일하면서 실행해 볼 것은 없는지, 현재 나에게 한국인과 협업하기 위해 필요한 습관은 무엇인지 확인해 보도록 하자.

### (1) 쌓아둔 파일부터 정리해요

한국 사람들은 타인의 컴퓨터도 보는 이해할 수 없는 습관이 있다. 자신이 일하는 장소뿐 아니라 컴퓨터 공간도 잘 정리하는 것을 당연히 일잘하는 사람 즉, '일잘러'의 기준으로 삼기도 한다. 따라서 직장에서 사용하는 자신의 일하는 공간뿐 아니라 여러분이 사용하게 될 컴퓨터의 업무 파일, 레퍼런스, 메일함 등 히스토리 정리가 필요하다. 누가 물어보든지 언제 어디서든 원하는 내용을 빠르게 얻는다는 건 좋은 결과물을 만드는 기초가 되고 한국인들은 이를 당연한 미덕으로 생각한다. 컴퓨터 히스토리가 잘 관리되어 있으면 파일을 찾아 헤매는 시간은 줄고, 이미 확보된 정보로 브레인스토밍[5]하거나 또 다른 양질의 정보를 찾는 것에 시간을 쓸 수 있는 것은 사실이다. 따라서 컴퓨터 파일을 정리하는 것은 빠른 업무처리를 위해 한국인들이 중시하는 요인이 된다.

만약, 어떻게 정리해야 할지 막막하다면 당장 눈에 보이는 바탕화면과 다운로드함부터 하나씩 정리해 보도록 하자. 매일 관리하는 게 어렵다면 퇴근 전, 매주 금요일처럼 일정 시간을 정해 정리하는 규칙을 만드는 것도 좋은 방법이다. 이렇게 업무공간뿐 아니라 가상의 업무공간인 컴퓨터 정리도 같은 일을 해도 생산성을 극대화하는 한국인이 좋아하는 좋은 습관이 될 수 있다.

### (2) 모르는 것은 감추지 말고 물어보세요

한국 직장인들을 대상으로 진행한 설문 "난 이런 팀원이랑 일하고 싶어"에서 한국인 관리자들을 모아 이런 질문을 했다. "후배들에게, 이것만 잘해도 회사생활 반은 먹고 들어간다 싶은 업무 꿀팁이 있다면?"이라고요. 그에 대한 답변으로 "질문을 많이 했으면 좋겠다. 업무 소통하는 걸 두려워하지 말았으면 좋겠다"는 답변이 가장 많았다. 이 말을 통해 한국인과 협업하기 위해 필요한 좋은 업무 습관을 짐작해 볼 수 있다.

바로 우선순위가 무엇인지, 일을 하는 방식이 맞는지, 어떻게 해결해야 할지 고민될 때 걱정 대신 한국인 동료나 관리자에게 질문하는 것이다. 미리 질문하고 확인해, 처음부터 올바른 방향으로 시작하는 게 가장 정확하고 빠른 길인 것이다. 언어 및 문화적 장벽으로 외국인 직원이 모르는 것을 감추고 잘못된 방향으로 결과물을 만드는 것만큼 비효율적인 일도 없을 것이다. 한국인 모두는 아니지만 외국인과의 협업시 한국인들은 외국인의 질문을 피하거나 질문하는 것을 화내지 않는다. 혹여 질문할 타이밍을 잡기가 어렵거나 말 거는 것조차 힘들더라도 걱정하지 말고 시도하는 것이 중요하다. 모르는 것에 대하여 질문하는 것도 한국

5) 창의적인 아이디어를 생산하기 위한 학습 도구이자 회의 기법이다. 브레인스토밍은 집단적 창의적 발상 기법으로 집단에 소속된 인원들이 자발적으로 자연스럽게 제시된 아이디어 목록을 통해서 특정한 문제에 대한 해답을 찾고자 노력하는 것을 말한다.

인이 좋아하는 좋은 습관이 될 수 있다(물론 존댓말로 질문하는 것이 좋다).

### (3) 중요한 업무부터 끝내요, 개운~하게!

한국인은 이미 많이 언급한 대로 성과지향적이다. 그리고 업무를 빠르게 처리하는 것을 중시한다. 마감일이 한참 남은 업무의 레퍼런스(reference) 찾기 2시간, 메신저로 수다 떨기 20분, 지금 당장 필요 없는 보고서 만드느라 3시간… 정작 중요한 일은 미루고 미루다 퇴근 직전에서야 처리하는 것은 한국인이 가장 싫어하는 업무습관이다. 중요한 업무는 반도 하지 못한 채 그렇게 '오늘도 일했다'는 '느낌'만 갖고 퇴근하는 것은 한국인과의 협업에 가장 큰 방해요인이 된다. 그러다가 다음 날 아침엔 무거운 발걸음으로 출근하면 미뤘던 중요한 일을 제대로 처리할 수 있을까?

중요한 일부터 해내면 주체적으로, 효율적으로 일하는 한국인이 선호하는 '일잘러'가 될 수 있다. 뿐만 아니라 검토할 시간이 확보되니 결과물의 질을 높일 수 있고, 결과물이 좋으니 한국인들의 긍정적인 피드백이 이어질 것이다. 이렇게 생긴 자신감은 한국인과 협업하면서 겪게 되는 크고 작은 문제들을 이겨낼 수 있는 근성을 길러주게 된다. 이왕이면 중요치 않은 일들로 만족감을 얻기보다는 한국인들이 인정하는 중요한 업무부터 끝내놓는 연습부터 시작하는 것이 중요하다. 어렵지만 그만큼 가치 있기 때문이다. 한국인들은 이른바 '후광효과'[6]를 중시하기에 이렇게 어려운 일, 그리고 중요한 일들을 우선적으로 처리하면 한국인과의 협업시 인정받는 외국인 직원이 될 것이다.

6) 후광효과(Halo effect)는 미국의 심리학자 선다이크에 의해 명명된 것으로, 평가하는 사람에게 나타나는 평정 오차의 하나이다. 어떤 한 가지 좋은 점이 있다면 다른 모든 면도 좋아 보이는 경향을 가리킨다. 평가요소가 서로 중복되거나 관련되어져 있는 경우 종종 나타나는 것이다. 예를 들면, 어느 집단에서 '성실성'을 비교 평가할 때 지식·지능이 높고 판단력이 뛰어난 인물이 있을 경우, 전체적인 인상을 바탕으로 그 사람의 성실성을 실제보다 좋게 평가 한다면 후광효과가 있었다고 하게 된다.

### (4) 제출 전 검토는 +α가 아니라 필수예요

한 번에 완벽한 문서를 작성할 수 있는 한국인은 아마 없을 것이다. 하물며 언어 및 문화적 장벽이 있는 외국인이 한국인들이 인정하는 완벽한 문서나 결과물을 한 번에 보여줄 수는 없다. 언제나 미처 발견하지 못한 실수가 생겨나기 마련이다. 따라서 한국 관리자에게 문서나 결과물을 제출하기 전 검토 과정은 필수가 되어야 한다. 검토하지 않아 생기는 실수는 훗날 신뢰도 문제로 연결될 수 있다. 앞서 설명한 '후광효과'와는 반대로 한국인은 한 번이지만 큰 실수를 하는 직원을 좋지 않은 시각으로 계속 지켜보게 된다. 이를 이른바 '낙인효과'라고 한다. 즉, 주변에서 어떤 사람에게 편견이나 부정적 인식을 가지고 있으면 그 영향으로 대상은 점점 더 나쁜 행동을 하게 되며 주변 인식을 강화하는 결과로 이어지게 되는 것이다. 사소하지만 숫자를 잘못 쓰거나, 단어를 잘못 사용해서 전혀 다른 결과가 나올 수 있다. 하지만 이는 사소한 문제가 아닐 수 있다. 특히 회사에서 작성하는 문서는 그 내용이 중대하거나, 대외적으로 공유되는 경우도 많다. 따라서 한국 관리자에게 문서나 결과물을 제출하기 전 검토를 거듭하는 습관은 한국인들이 좋아하는 좋은 업무습관인 것이다. 검토는 시간이 남으면 하는 +α가 아니라, 필수적인 단계이다. 따라서 일의 타임라인에 검토 단계를 포함시켜야 한다.

### (5) 빠르게 답장해요

앞에서 이미 수없이 언급하였지만 한국인이 중요시하는 성과기준이 최고는 빠른 업무처리이다. 때문에 직장에서 메시지와 메일을 빨리 확인해 줬으면 하는 마음은 한국인이라면 누구나 갖는 마음이다. 한국인과의 협업과 커뮤니케이션에서 가장 기초적인 자세는 빠른 회신이다. 빠른 확인과 회신이 기본 전제가 되어야 일의 진전이 빨라지고, 상호협력이 부드럽게 잘 이루어질 수 있기 때문이다. 한국인들과 소통을 할 때 "이 외국인은 빠르고 명쾌하게 답장해서 계속 함께 일하고 싶다"는 인상을 준다면 한국인들이 가장 선호하는 동료가 될 수 있다. 반대로 생각해보자. 함께 하는 외국인 동료가 매번 늦게 답장을 보낸다면, 함께 일하고 싶을까? 한국인이라면 아마도 가슴 저 깊은 곳에서부터 답답함을 느낄 것이다.

그렇다고 해서 중요한 내용을 누락하여 빠른 회신에만 급급하면 안 된다. 그렇기 때문에 바로 앞에서 설명한대로 일하는 시간에 검토시간을 포함시켜야 하고 결과물을 제출하기 전 검토하는 것은 한국인과 일하기 위한 아주 중요한 업무습관이다.

### (6) 맞춤법은 당연하게 지켜요

앞에서도 설명하였지만 한국인들은 문서의 내용도 중시하지만 문서의 디자인과 형식도 중시한다고 하였다. 따라서, 누군가에게 알려주기엔 민망하고, 넘어가기엔 문제가 되는 것은 바로 맞춤법과 문서 형식이다. 사무직이 아니더라도 한국 직장인은 매일 글이나 보고서를 작성한다. 메시지부터 메일, 보고서, 회의록까지 사무직이든지 생산직이든지 한국에서 문서작성은 비일비재한 업무가 된다. 따라서 한국인과 일하면서 맞춤법을 지키는 것은 비단 사무직만의 일이 아니다. 한두 번의 실수가 외국인 직원이라 용납은 되더라도 지속적인 맞춤법 오류는 한국인들 입장에서는 책임감과 능력이 부족하다는 인상마저 심어줄 수 있고 자칫 앞서 설명한 '낙인효과'로 이어지면 한국인들 사이에서 다시 인정받기는 어려운 것이 현실이다.

따라서 헷갈리는 맞춤법은 반드시 익혀두고, 맞춤법 검사기를 즐겨찾기 탭에 고정해 두는 것이 필요하다. 이 같은 습관으로 어려운 한국어로 작성하는 문서나 보고서 작성시 수시로 편하게 사용할 수 있다. 앞서 설명한 컴퓨터 공간 정리와 함께 한국인이 중시하는 맞춤법을 위해 필요한 내용을 저장해 두고 필요할 때마다 찾아보면, 단어의 사용법과 뜻을 정확하게 습득할 수 있을 것이다. 그래서 당연히 오타나 문법에 맞지 않는 사항 점검은 필수가 된다. 오타나 문법에 맞지 않는 사항이 발견된다면 아무리 그 문서가 완벽하더라도 한국인의 기준에서는 바로 일못하는 사람이 만든 문서로 치부될 수 있다. 또한 앞서 설명한 대로 한국인 입장에서는 디자인이나 문서의 정리 또한 기본이 된다. [그림 3-5]를 보

그림 3-5 한국인과 외국의 문서 형식과 디자인 차이

한국인 문서

외국인 문서

**1. 다문화가족의 이해**
**(한국 사회의 변화와 다문화가족)**

다문화가족이란?
국제결혼으로 인한 내국인과 외국인과의 결혼으로 구분하는 국적에 따른 차별성에 대한 초점 대신 **한 가족 내에 다양한 문화가 공존하는** 의미로 인종과 문화의 차이는 물론 가치, 문화 종교, 삶터, 생활양식 등 문화적 다양성을 포괄하는 개념

면 한국인과 외국인 정리한 문서를 비교해 볼 수 있다. 한국인의 일잘러의 기준에는 문서의 내용 외에 문서의 형식과 디자인이 얼마나 중요한지를 알 수 있다. 한국인에서 일잘러의 성과 중 가장 중요한 것은 [그림 3-5]와 같이 디자인은 바로 일에 대한 몰입과 정성을 나타낸다고 믿기에 아주 중요한 업무성과의 기준이라는 것을 잊지 말아야 한다.

### (7) 주기적으로 나를 돌아봐요

한국인과의 협업은 언어 및 문화적 장벽이 있기 때문에 일하다가도 가끔은 내가 어떻게 일하고 있는지, 무엇을 해왔는지 잠시 멈춰 돌아보는 시간을 가지도록 해야 한다. 이런 기회를 통해 그저 스쳐 지나간 일이 다르게 해석되고, 새로운 교훈을 얻을 수 있다. 이를 통해 한국인들이 더 선호하는 외국인 직원으로 더 빠르고 올바르게 성장할 수 있는 기회를 갖게 될 수 있다. 그리고 이때 남겨둔 기록은 언젠가 찾아올 번아웃(정신적 탈진, 소진)을 이겨내도록 돕는 버팀목이 되기도 한다.

앞서 말한 파일 정리처럼, 주기를 정해 회고를 시작해 볼 필요가 있다. 한국인과 협업하면서 개선할 사항이 무엇인지, 잘 하고 있어서 강화해야 될 사항은 무엇인지 기록해 두는 습관이 필요하다. 한국인과 함께 일하면서 이러한 셀프 회고법은 한국인이 선호하는 외국인이 되기 위한 좋은 방법이기도 하다. 이러한 셀

**그림 3-6 한국인이 생각하는 '일못러'의 기준**

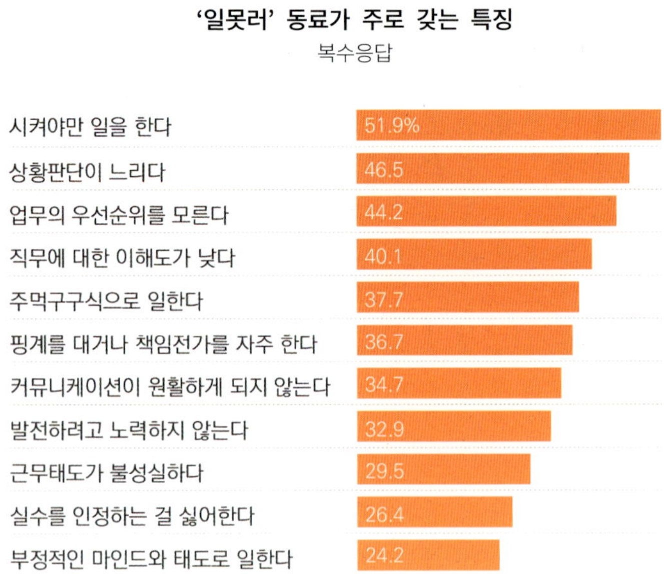


자료: 사람인

프 회고법은 6개월이 아닌 1주, 1달, 1년 단위로 적용하는 것이 좋다. 회고를 통해 자신에 대한 깊은 이해가 가능해지고, 일에 끌려가는 것이 아닌 내가 주도적으로 일을 끌고 갈 수 있을 것이다. 한국어 공부에 왕도가 없듯이 한국인과의 성공적인 직장생활에도 왕도는 없을 것이다. 하지만 생산성을 높이고, 조금 더 편안한 마음으로 직장생활을 할 수 있는 방법은 전 세계 어디에서는 비슷하다. 지금까지 소개한 내용은 한국인과 일하기 위해 즉, 한국인들이 선호하는 '일잘러'이 기준이기도 이를 잘 습관화한다면 하지만 전 세계 어디에서나 환영받는 사람이 될 것이다.

한국인들이 선호하는 업무기준 이외에도 한국인들이 일을 못하는 사람 즉, '일못러'[7)]로 생각하는 기준도 같이 확인할 필요가 있다. 이른바 '일못러'의 기준

7) '일을 못하는 사람'이라는 뜻의 신조어로 영어 접미사 '−er'를 붙여서 탄생된 용어로 '일잘러'의 반대 말이다.

은 한국인 직장인들을 대상으로 한 설문조사 결과로 [그림 3-6]과 같이 정리해 볼 수 있다.

[그림 3-6]과 같이 한국 직장인들이 '일못러'로 생각하는 기준을 한국인과 협업하면서 유의해야 한다. 앞서 설명한 대로 한국사회에서 '낙인효과'는 다시 회복하기 어려운 부정적인 평가가 되기 때문이다. 그리고 앞에서 설명한 7가지 습관을 하루라도 빨리 익혀 둔다면, 쉽지 않은 한국인과의 협업과정에서 빠르게 성장할 수 있을 거라 확신하고 한국인과 좋은 성과를 낼 수 있는 한국인들이 선호하는 외국인 파트너가 될 수 있을 것이다. 문화 및 언어적 차이를 비롯해 한국인과 외국인 사이에는 어려운 간극이 있지만 서로가 이해하면서 한국인과 협업을 위한 사소한 습관부터 차근차근 쌓아 간다면 한국인이 선호하는 행복한 외국인 직원으로 인정받는 일잘러로 거듭날 수 있을 것이다.

CHAPTER

# 04

# Working with Koeans 2

## : 생활방식의 방식

## 1. 한국인의 생활방식: 한국인의 특징적인 생활패턴과 유형들

자동차 뒤쪽 양 옆의 노란색 비상등(hazard light)을 한국에서는 '깜빡이'라고 부른다. 비상등이란 이름 그대로 도로에 위험한 물건이 떨어져 있거나 전방에 사고가 나서 갑자기 정차를 하게 될 때처럼 비상 상황일 때 뒷 차에게 경고 신호를 주는 용도로 쓴다.

하지만 한국의 비상등에는 또 다른 의미가 담겨져 있다. "실례합니다"라거나 "미안합니다"라는 뜻이다. 그러니까 갑자기 차선 변경을 하게 돼 뒤따르는 차의 진로를 방해하는 등 불편을 끼친 앞 차량이 켤 때의 용도다. 운전 과정에서

표 4-1 Law and Order Index Scores for 2022

| Country/Area | Law and Order Index Scores | Country/Area | Law and Order Index Scores |
|---|---|---|---|
| Tajikistan | 96 | Hong kong. S.A.R. of China | 87 |
| Finland | 92 | Netherlands | 87 |
| Iceland | 92 | United Arab Emirates | 87 |
| Kuwait | 92 | Azerbaijan | 86 |
| Luxembourg | 92 | Czech Republic | 86 |
| Norway | 92 | Ireland | 86 |
| Vietnam | 92 | Israel | 86 |
| Switzerland | 91 | Japan | 86 |
| Denmark | 90 | Montenegro | 86 |
| Indonesia | 90 | Philippines | 86 |
| Kosovo | 90 | South Korea | 86 |
| Slovenia | 90 | France | 85 |
| Uzbekistan | 90 | Jordan | 85 |
| Egypt | 89 | Malaysia | 85 |
| Germany | 89 | Armenia | 84 |
| Portugal | 89 | Belgium | 84 |
| Saudi Arabia | 89 | El Salvador | 84 |
| Sweden | 89 | Hungary | 84 |
| Taiwan, Province of China | 89 | Italy | 84 |
| Estonia | 88 | Australia | 83 |
| Spain | 88 | Cambodia | 83 |
| Austria | 87 | Canada | 83 |
| Georgia | 87 | Croatia | 83 |

저지른 잘못을 사과하는 뜻을 담아 비상등을 깜박깜박 켜는 걸 '비상등 매너'라고 부른다. 희한한 건 다소 과격하게 운전을 했더라도 앞차가 비상등을 깜박 거리는데 뒤차 운전자가 분을 못 참고 계속 화를 낸다면, 오히려 뒤차 운전자가 옹졸한 사람처럼 취급 받기도 한다는 점이다.

한국 도로에서 '비상등 매너'가 통용되는 장면은 두 가지 요소를 가리킨다.

첫째, 앞차가 설사 운전 매너를 지키지 않았더라도, 실제 추돌사고가 일어나지 않았다면 서로의 사정을 이해하고 넘어갈 수 있다는 식으로 규범을 넓게 해석하는 한국인의 경향이다. 한국 정부와 한국인은 수십 년 동안 부패를 척결하는 한편 공정하고 투명한 사회적 절차를 확립하기 위해 노력을 기울여 왔다. 실제 미국 여론조사업체 갤럽이 2022년 세계 141개국에서 15세 이상 국민 1,000여 명씩을 대상으로 조사한 '준법의식조사'(Global Law and Order, 2023)에서 한국은 24번째로 준법의식이 높은 나라였다. 그런데도 한편으로는 상대가 악의를 갖고 규범을 어겼는지를 판단한 뒤 규범을 어기는 행위를 재평가하기도 하는 것이다.

둘째, 지극히 개인적인 공간인 차 안에 있으면서도 한국인들이 앞차와 뒤차 간 '관계'에 신경을 쓰고 있다 점이다. 사회심리학자인 허태균 고려대 교수는 자신을 중심으로 생각하는 '개인주의', 집단을 먼저 생각하는 '집단주의'와 구별되는 '관계주의'를 한국인의 특성으로 꼽았다. 관계주의는 개인의 취향을 의사결정 도구로 삼는 것을 개인주의가 아니며, 집단의 뜻에 자신의 결정이나 행동을 맞추는 것이 집단주의도 아니다. 관계주의는 다른 사람의 취향이나 선택을 감안해서 자신의 의견을 정하는 경향을 말한다. 관계주의 역시 다른 사람들의 의견을 의식해 자신의 견해를 맞추는 방식이지만, 집단 내에서도 자신과 친밀한 사람들의 입장을 우선 고려해서 의견을 조율해 간다는 점에서 구별된다.

물론 현재 40대 이하 한국인일수록 개인주의 성향이 점점 더 도드라지는 모습이 보인다. 그런데 허태균 교수는 한국 젊은이들에게서 드러나는 개인주의 역시 서양의 개인주의와는 다른 양상이라고 설명한다. 당장 서양 청년들에 비해 부모의 간섭과 개입을 수용하는 태도가 드러난다는 것이다. 허 교수는 1997년부터 2017년까지 발표된 한국인의 집단주의·개인주의 특성에 관한 연구 41개를 분석한 뒤

"20·30대에 '개인주의적 관계주의' 성향을 보이는 한국인들이 50·60대가 되면 '집단주의적 관계주의'로 변화하는 모습이 나타나는 모습이 보인다"고 설명한다.

한국인의 관계주의를 압축적으로 보여준 광고 캠페인이 있다. 한국을 넘어 러시아와 중국, 동남아시아, 서양에서도 인기가 높은 '오리온 초코파이'의 '정(情)' 광고 캠페인이다. 1974년 한국에서 출시된 오리온 초코파이는 지금은 60여 개국에서 판매되는 과자가 되었다. 1년에 20억개 이상씩 팔리는데, 한국에서 초코파이가 '국민과자'가 되는데 1989년 시작된 '정(情)' 캠페인이 큰 역할을 했다.

한 편의 짧은 드라마를 보는 듯 이야기 한 편씩을 전하는 '정(情)' 캠페인 중 가장 유명한 광고는 백혈병에 걸린 소녀에 관한 이야기다. 항암 치료를 하기 위해 머리카락을 모두 잘라낸 소녀는 환자복에 초췌해진 자신의 얼굴을 보며 망연자실했다. 그 소녀가 퇴원해서 학교로 돌아가던 날, 복도 저 끝에서 소녀를 맞이한 건 삭발한 머리 때문에 친구가 부끄러울까 자신의 머리도 빡빡 밀어버린 채 나타나 환하게 웃는 친구였다. 복도 끝에서 웃는 친구와 친구의 머리를 보며 눈물을 짓는 소녀의 모습 옆으로 화면에 '정(情)'이라는 글자가 새겨지며 끝나는 이 광고는 실화에 기반한 것으로 알려졌다. 광고에서의 '정(情)'은 친구를 위해 자신의 불편을 적극적으로 감수하는 행위를 뜻한다.

1995년 또 다른 초코파이 광고 역시 나보다 다른 사람의 입장과 처지를 우선시하고 배려하는 마음을 '정(情)'으로 묘사했다. 이 광고는 비가 오는 날 아파트로 이사하게 된 소녀의 모습을 비추며 시작한다. 치워지지 않은 집 안으로 들어가지도 못하고, 아파트 현관 처마 아래에 서서 겨우 비를 피하는 소녀를 생전 처음 본 옆 집 아주머니가 자신의 집으로 아이를 데려가서 돌본다. 이사가 다 끝나고 저녁 무렵

소녀의 엄마가 초코파이 한 박스를 건네면서 "예전에는 이사하는 날 떡을 돌렸다는데…."라고 말하며 고마움과 함께 떡을 준비하지 못했다는 미안함을 전한다. 한국 전통에 이삿날 팥으로 만든 시루떡을 돌리는 전통이 있기 때문이다. 그러나 옆 집 아주머니는 "이사 하느라고 바쁘실 텐데…."라며 또 다른 배려의 말을 돌려준다.

'정(情)'이 나타내는 한국인의 정서는 이 광고의 CM송 가사로도 표현된다.

**초코파이 정(情) 캠페인 CM송 가사**

**말하지 않아도 알아요.**
**눈빛만 보아도 알아요.**
**그냥 바라보면**
**마음속에 있잖아요.**

말하기 전에, 눈이 마주친 찰나에 상대방의 마음속에 들어간 것처럼 생각한 뒤 그의 편의를 위해 나를 희생시킬 수도 있는 자세가 한국인의 '정(情)' 문화이다. 정(情)의 정서는 나와 같은 공동체에 있는 누군가가 곤란한 처지에 처했을 때 행동으로 나타난다.

다만, 2010년대 들어 오리온은 기존의 '정(情)' 캠페인을 뒤집는 광고를 선보인다. 초코파이 CM송이 뚝 끊기면 모델이 "말하지 않으면 모르죠."라고 당당하게 말하는 이 광고 캠페인의 카피는 "정(情) 때문에 못한 말 까놓고 말하자"이다. 정(情)은 한국인 특유의 공동체 정신을 드러내는 말로 여겨졌지만, 한국의 젊은 세대에게는 점점 더 익숙하지 않은 정서로 여겨지는 세태를 비튼 광고이다.

광고가 지적했듯이 상대의 마음을 이심전심으로 넘겨짚고 추측하기보다는 담백하게 드러내고 확인하고, 상대의 정확한 의도를 파악하려는 방향으로 한국인의 소통법은 바뀌는 중이다. 실제 앞에서 예로 든 '비상등 매너'는 현재 한국 도로에서 널리 통용되고 있지만, 뒷좌석 운전자가 젊은 세대일 때에는 비상등을 깜박여서 하는 사과에 아랑곳없이 자신이 몰고 있던 뒤차에 달린 블랙박스 영상 증거를 활용해 앞차의 도로교통법 위반 행위를 신고하는 경우도 드물지 않다.

'정(情)'처럼 한 음절의 한자어인데 한국인의 정서를 상징적으로 드러내는 말로 '흥(興)'과 '한(恨)'이 있다. '흥(興)'은 한마음으로 기뻐하는 정서다. 그래서 한국인의 '흥(興)'은 다수의 집단이 모였을 때 발현된다. 월드컵 거리응원, 한국에서 공연하는 외국 가수들을 반하게 만든다는 관중들의 '떼창'이 대표적이다.

2022년 한국국제교류재단(KF)과 아리랑TV는 '한국의 흥 다큐멘터리'를 방영했다. 3부작인 다큐멘터리의 1부는 싸이의 강남스타일 열풍부터 BTS와 블랙핑크의 인기로 이어지는 K팝의 성공 과정을 다룬다. 2부는 한국의 음주 및 회식 문화이다. 한국에선 회식할 때 맥주와 소주를 섞어서 폭탄주를 나눠서 마셨는데, 이와 같은 회식 문화가 해외에서 화제가 되었다. 회식에서 폭탄주를 나눠 마시는 것은 회식 참석자들이 같은 양의 술을 마시고 빠르게 다함께 취하는 목적에서다. 3부는 한국의 응원문화이다. 2002년 한일 월드컵 거리응원을 비롯해 스포츠 응원 등 열광적인 한국의 응원 문화를 조명했다.

K팝 떼창과 폭탄주를 돌리는 회식, 집단 응원을 통해 드러나는 '흥(興)'은 집단이 같은 감정을 공유하는 상태일 때 분출된다. 집단이 동시에 느끼는 기쁨은 오열하고, 덩실덩실 춤을 추고, 큰 소리로 구호를 외치는 등 과장된 몸짓으로 표현되기 마련이다.

그런데 '흥(興)'의 대척점에 '한(恨)'의 정서가 있다. 천 여 년의 오랜 기간 단일민족 국가를 이룬 채로 침략, 약탈, 가난 등의 어려움을 감내한 한국인의 정서에 스며들어 있는 가슴 속 응어리나 슬픔을 표현하는 말이 '한(恨)'이다. '한(恨)'에는 억울함의 정서가 녹아 있으며, 이는 상대에 대한 원망과 복수를 염두에 둔 감정인 '원(怨)'과 구별된다. 억울하지만 복수를 하지 못하는 처지에 놓인 집단의 감정이 '한(恨)'이라면, 이 같은 감정이 개인적인 차원에서 드러나는 게 '화병'이다.

1990년대 미국정신의학회가 한국어 음절 그대로 '화병(hwabyung)'을 한국의 독특한 정신적·신체적 질환으로 규정하면서 화병이 화제가 되었다. 분노하지만 분노를 드러내지 않고 억눌러야 한다는 강요를 받는 과정에서 답답함을 느끼고 스트레스 증세를 보이는 증상이 화병이었다. 현재 화병은 미국의 정신질환 분류체계에서는 빠졌다. 그러나 유사 증세로 '외상 후 울분 증후군(Post-Traumatic Embitterment Disorder)'이 꼽히고 있다. 즉 억울하고 슬픈 감정을 공개적으로 표출하지 못하고 쌓여있도록 두는 문화를 '한(恨)'이라고 부른다.

정(情), 흥(興), 한(恨)은 개인이 집단과 상호작용하는 관계 속에서 드러나는 정서이다. 정(情)은 상대의 생각을 이심전심으로 알아채서 배려하는 정서, 흥(興)은 집단 내부 사람들끼리 기쁨의 주파수를 일치시켜 다 함께 희열을 느끼는 정서, 한(恨)은 개인 또는 집단의 아픔을 표출하지 못한 채 개인적인 차원에서 감내해야 하는 슬픔의 정서이다. 결국 한국인을 드러내는 주요 정서들의 뿌리는 '관계'에서 비롯되고 있다는 풀이가 가능하겠다.

## 2. 한국인과 외국인(서양)의 생활방식 차이

2019년 11월 중국 후베이성 우한시에서 발생한 코로나19가 전 세계로 퍼졌을 때 한국에서는 절대 벌어지지 않았을 일이 미국과 유럽 등 서구권에서 벌어졌다. 호흡기 전염병의 방역을 위해 마스크 착용이 필요했는데 서구에서는 마스크 착용을 하지 않으려는 반발이 거셌다. 같은 시기 한국에서는 마스크를 구매하기 위해 약국 앞에 길게 줄을 서는 진풍경이 펼쳐졌다. 마스크를 쓰지 않을 경우 감염 위험성이 커질 것이란 두려움에 더해 외출, 대중교통 이용 등 사회생활이 어려워질 것이란 위기감 또한 커지자 사람들은 마스크 구하기에 나섰던 것이다.

코로나19라는 치명률 높은 질병 앞에서 마스크 착용을 거부하는 모습이 연출되자 다양한 해석이 나왔다. 서양인들의 경우 얼굴을 가리는 것을 싫어하고, 특히 눈 아래를 가리는 것은 복면강도를 연상시키는 면 때문에 거부감이 있다는 풀이도 있었다. 그러나 그보다는 동양의 집단주의 성향과 서양의 개인주의 성향 간 차이에서 원인을 찾아야 한다는 의견들이 보다 많은 설득력을 얻었다. 마스크를 착용하는 건 1차적으로 개인의 방역을 위한 행동이지만, 집단주의 성향이 짙은 곳에서 부가적인 의미가 생기기 때문이다. 부가적인 의미 첫 번째는 마스크를 착용함으로써 소속 집단 내 감염률이 낮아질 것이란 기대를 할 수 있다는 것이다. 두 번째로 마스크를 제대로 쓰지 않을 경우 집단 내 부정적인 평가가 돌아올 수 있다고 우려할 수 있다는 점 때문에 집단주의 성향이 짙을수록 마스크를 쓸 유인이 늘어나게 된다.

'서구의 개인주의 대 동양의 집단주의'라는 대립적인 구도를 다른 방식으로 설명한 학자가 있다. 리처드 니스벳은 저서 '생각의 지도'에서 동양적인 사고방식의 근원을 '사물의 관계'를 중요시하는 옛 중국의 철학에서 찾았다. 역으로 서양적 사고방식의 근원은 '사물의 본질'을 중시하는 고대 그리스 철학에서 비롯되었다고 보았다.

니스벳은 일본 학자인 타카히코 마스다와 함께 진행한 두 가지 실험을 통해 동서양의 관점 차이를 밝혔다. 니스벳은 우선 바닷 속에 여러 사물이 지나가는

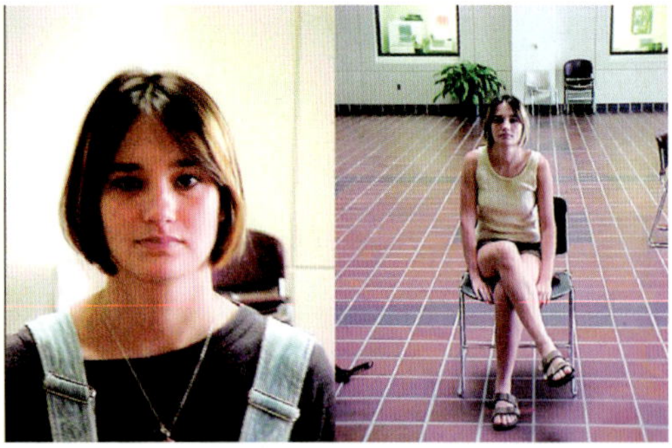

사진을 보여준 뒤 본 것을 기술하게 되었다. 서양인들이 지나가는 물체의 특성에 주목하는 흐름이 나타난 반면, 일본인들은 배경 속 사물들 사이 상호 관계를 설명하려는 경향을 보였다. 두 번째, 니스벳은 한 소녀를 대상으로 사진을 찍으라고 실험자들에게 요청했다. 미국인들이 얼굴 중심으로 사진을 찍어온 반면, 일본인들은 소녀의 전신을 배경과 함께 찍어왔다. 주변 환경과의 조화, 관계를 더 중시하는 일본인들의 경향이 드러난 것이다.

니스벳은 이런 실험도 했다. 소, 닭, 풀 등 3가지 그림을 주고 서로 관련 있는 것을 묶어 보라는 실험이다. 이때 동양인들이 '소와 풀'을 하나로 묶은 반면 서양인들은 '소와 닭'을 하나로 묶는 경우가 많았다. 동양인들은 '소가 풀을 먹는다.'라는 관계성이 주목한 반면, 서양인들은 '소와 닭은 모두 동물'이라고 인식했다.

인류학자인 에드워드 홀 역시 니스벳과 유사한 설명을 내놓았다. 홀은 저서 '문화를 넘어서'에서 맥락을 기준으로 동양을 '고맥락 사회', 서양을 '저맥락 사회'로 분류했다. 고맥락 사회인 동양에서는 개인을 집단과 연결된 유동적인 존재로 보는 반면, 저맥락 사회인 서양에서는 개인을 독립적이고 자유로운 행위자로 본다고 홀은 설명했다.

또 네덜란드의 사회학자인 기어트 홉스테드는 저서 '문화의 결과'에서 "문화는 정신의 소프트웨어"라면서 "정신의 소프트웨어란 한 사람의 의식 속에 평생 내장되어 온 일정한 형태의 생각, 느낌, 잠재적 행동을 말한다"고 규정했다. 이어

"집단주의 문화에서는 나보다 우리를 먼저 인식하며 개인의 정체성은 그들이 속한 사회체계에 근거를 둔다"면서 "개인주의 문화에서는 나와 내 가족에 대해서 먼저 의식하고 개인의 의견을 표현하며, 자아실현에 중요한 의미를 부여한다"고 보았다.

아디다스의 2008년 베이징올림픽, 2012년 런던올림픽 광고에서도 동양의 집단주의적 관점과 서양의 개인주의적 관점이 드러난다. 베이징 올림픽 당시 아디다스는 '함께하면 불가능한 것은 없다'는 슬로건을 내세웠으며, 선수의 결정적인 순간 아래 수많은 사람들의 기대와 노력이 숨어 있음을 보여주는 광고 포스터를 제작했다. 이어 4년 뒤 런던 올림픽에서 아디다스가 내세운 캠페인 구호는 '당신의 위대함을 발견하라'였으며 광고는 선수의 모습을 클로즈업 하는 방식으로 만들었다.

한국에서도 아시안게임, 올림픽 등에 출전하는 선수들은 '국민 영웅'이라는 찬사를 받는 동시에 국민의 기대라는 엄청난 부담감을 지니고 경기에 나서곤 했다. 과거 은메달을 따내는 성과를 거두고도 눈물을 흘리거나 국민에게 사과하는 선수들도 있었다. 집단주의를 넘어 집단 내 구성원들과 강한 관계성을 지니고 있다는 관계주의의 문화적 특성이 나온 반응이었다.

개인주의와 집단주의 또는 관계주의의 양태는 그저 관점의 차이에 그치지 않는다. 우선 개인주의 문화인지, 관계주의 문화인지에 따라 동기부여의 촉매가 바뀐다. 앞서 아디다스의 올림픽 캠페인에서 보았듯이 개인주의 문화에서는 개인의 성장을 독려하는 방식의 동기부여가 흔하게 일어난다면, 집단주의 문화에 익숙한 이들에게는 개인의 성과가 지니는 맥락에 주목한다. 개인의 성과는 그 자신의 노력 뿐 아니라 주변 가족과 지인들의 희생과 정성, 얼굴도 모르는 공동체 구성원들의 기대와 지원에 힘입었다는 생각이 뒤따른다.

개인주의와 집단주의의 문화는 토론 문화에도 영향을 미친다. 토론에서 다양한 의견이 제시될 때 자신의 최초 의견을 고수할 지, 자신의 의견을 바꾸더라도 정확한 의견을 적극적으로 탐색할지 고민하기 마련이다. 자신의 최초 의견을 고수하는 것을 '방향성 추구'로, 정확한 의견 탐색을 토론 목적으로 삼는 것을 '정확성 추구'로 분류한다. 방향성을 추구하든, 정확성을 추구하든 토론이 제대로 이루어지려면 지위고하를 막론하고 질문과 답이 여러 차례 오가야 하지만, 한국에서는 이런 토론 문화가 익숙하지 않다.

한국인들이 토론을 대하는 태도는 한국을 벗어나서도 유지된다. 그래서 서구권 교수들이 한국 학생을 비롯해 동양인 학생들이 질문을 잘 하지 않는다는 점을 지적하곤 한다. 서구권에선 질문을 하지 않는 동양인들의 태도를 보고 학습에 적극적이지 않는다고 평가하지만, 이는 동서양의 공부법의 차이 때문에 생긴 오해인 면도 있다. 동양인, 특히 유교권 국가의 동양인에게 공부는 옛 성현의 말씀을 이해하고 실천하는 과정이다. 서구권 교수들이 동양권 학생들이 수업 시간 동안 질문도 하지 않고 소극적으로 임하는 것처럼 보이지만, 동양 학생들은 그 시간 동안 서구권 교수들의 가르침을 빼곡하게 노트에 필기하는 등 적극적으로 임하고 있는 것이다. 질문을 하지 않으면 이상하게 보는 서양과 다르게 한국에서는 노트 필기를 잘 한 학생을 모범생으로 취급한다.

이처럼 학교에서부터 토론 문화가 정착되지 않은 한국에서는 반복적이거나, 대다수 견해에 반하는 질문을 하는 행위 자체를 무례하거나 공격적인 태도로 분류하곤 한다. 한국에서 토론이 여러 의견 간 절충 지점을 찾아내거나 상사나 리더가 제시한 의견을 실현시킬 방법을 논의하는 과정으로 환원되는 이유가 여기에 있다.

## 3. 한국인과 외국인(동양)의 생활방식 차이

동양권 내에서도 한국의 생활방식엔 특별한 지점들이 있다. 같은 유교권 국가인 일본과 중국과 비교해도 특유의 문화가 존재한다. 이는 한국이 오랫동안 단일민족 체제를 유지해 온데다 최근 몇 십 년 동안 다른 나라들과 독자적인 발전 노선을 밟아온 데 따른 것이다.

아시아 국가들 중에서도 중국과 일본은 지리적으로 한국과 가까운 곳에 위치한 나라로 수천 년 동안 교류를 이어왔다. 3국은 무역부터 전쟁까지 다양한 형태의 접촉을 반복해왔고, 이 과정에서 서로의 문화에 영향을 끼쳐왔다. 그럼에도 불구하고 한국에선 3국 간 문화의 동질성보다 이질성에 초점을 맞추어 비교하는 경향이 있다. 이를테면 중국과 일본이 한자 문화권인 반면 한국은 고유의 글자인 한글을 쓰고, 중국과 일본이 젓가락 위주 식습관을 지녔다면 한국은 숟가락이 필수적인 식탁 예절을 지켜왔다는 식의 비교를 하는 식이다. 더 깊이 들어간다면 젓가락의 재질 역시 한국이 주로 금속 젓가락을 쓴다면 일본과 중국은 나무젓가락을 애용한다.

지리적으로 중국과 일본의 가운데에 있다는 점에서 중국, 일본 모두와 다른 점을 부각시킨 연구나 에세이도 많다. 3국의 젓가락을 좀 더 깊이 보면 국가별로 차이가 나타난다는 식이다. 한국의 젓가락은 금속 재질인데다 끝이 각진 네모 형태를 띤 경우가 많은데, 이는 밥은 숟가락으로 먹고 반찬인 김치나 깻잎 등을 잘 뗄 수 있도록 젓가락 형태를 잡았기 때문이다. 이에 비해 메인 요리인 볶음요리를 상 가운데 배치하는 중국 음식에 맞추어 중국에선 길이가 길고 끝이 둥근 젓가락을 사용한다. 해산물 위주 식사를 하는 일본에서는 생선 가시를 쉽게 발라낼 수 있도록 나무젓가락 끝이 뾰족하다.

이런 식의 비교는 수도 없이 많이 일어난다. 정원이라는 공간에 대해서도 3국은 서로 다른 양태를 보인다. 중국은 정원을 원림(園林)이라고 부르는데, 말 그대로 자연을 그대로 정원 안에 끌어 들여와 꾸미는 형태다. 기암괴석을 가져다 놓기도 하고, 거대한 호수를 파고 그때 나온 흙으로 산을 만들어버린 경우도 있는데 이화원이 그것이다. 일본은 인공적인 정원을 만들었다. 가레산스이로 대표되는 일본의 정원은 마치 바닥에 기하학 그림을 그리듯 표현되었다. 한국은 주변 자연과 어우러지는 정원을 선호했다.

이와 같은 수많은 차이점에도 불구하고 3국은 유교 문화권으로 묶인다. 한중일 3국에 더해 베트남, 싱가포르, 대만 등이 유교 문화권으로 분류된다. 유교 문화권으로 칭하지만 국가별로 불교, 도교의 영향력이 높은 국가들이 있고 20세기 이후 기독교와 이슬람교 등 종교의 영향력이 커진 곳도 있다. 그래서 유교 문화권을 하나의 단일 문화권으로 삼는 것에 대해선 회의적인 견해가 있기도 하다.

유교에서 가장 강조하는 가치가 효(孝)이다. 자식이 부모에게 예를 다해야 한다는 것이 효(孝) 사상인데, 이 개념을 나라로 확장하면 국민이 정부에게 예를 다해야 한다는 인식이 생긴다. 공동체로 확장하면 개인이 소속 집단에게 예를 다해야 한다는 뜻이 된다. 한국, 일본, 대만 등이 국가 및 조직의 발전을 위해 개인의 희생을 감수하며 경제성장을 이뤘다고 평가하는 학자들은 유교에서 가르치는 태도가 경제성장의 원동력이 되었다고 설명한다.

그러나 최근 행동경제학 등에서는 고도의 경제성장 시기에는 조직과 국가의 성장이 개인의 성장 방향과 일치했다는 점을 지적한다. 개인이 헌신할수록 조직과 국가의 고성장이 보장되었고, 이에 따라 조직과 국가에 생기는 새로운 직위나 부가 헌신한 개인에게 돌아오는 선순환 구조가 있었기에 '순종하는 개인'의 모습이 정립되었다는 뜻이다.

역으로 저성장 국면에서 유교적 조직문화는 설 자리를 빠르게 잃게 된다. 실제 경제협력개발기구(OECD) 집계에서 한국의 잠재성장률은 2013년(3.5%) 이후 2024년까지 12년 동안 낮아지는 추세인데, 이 시기 사회 진출을 한 MZ세대(1980~2010년생)의 경우 수평적인 의사소통을 강조하고, 워라밸(일과 생활 양립)을 중시하는 생활 특성을 보인다. 조직의 성장에 개인의 성장 방향을 일치시키는 유교적 조직문화는 곳곳에서 균열을 일으키고 있다. 오히려 체면을 중시하는 문화, 학연·지연·혈연 등 연줄을 중시하는 업무태도, 수직적인 인간관계 등은 사라져야 할 유교적 문화로 지적되고 있다.

## 4. 한국의 정치 및 경제

- 우리는 산업화와 민주화를 함께 이룸으로써 나라의 기둥을 굳건히 세웠습니다.

  (김영삼 대통령, 재임 1993~1998).

- '제2의 건국'은 산업화와 민주화의 저력을 바탕으로 민주주의와 시장경제를 완성하기 위한 총체적 개혁이자 국민적 운동을 가리킵니다.

  (김대중 대통령, 재임 1998~2003).

- 한국 국민은 지난 반세기 동안 숱한 고난과 시련을 이겨내며 산업화와 민주화를 일구어 냈습니다. 전쟁의 폐허 위에서 '한강의 기적'이라 불리는 경제적 번영을 이룩해 냈습니다. 남북 분단과 군사적인 대치 상황 속에서도 군사독재를 물리치고 여야 간에 평화적인 정권교체를 실현하였습니다.

  (노무현 대통령, 재임 2003~2008).

- 모두가 하나같이 열심히 살았습니다. 그리하여 세계역사상 최단 기간에 산업화와 민주화라는 과업을 동시에 이루어 내었습니다.

  (이명박 대통령, 재임 2008~2013)

- 하면 된다는 국민들의 강한 의지와 저력이 산업화와 민주화를 동시에 이룬 위대한 성취의 역사를 만들었습니다.

  (박근혜 대통령, 재임 2013-2017)

- 우리 근현대사에서 산업화와 민주화를 세력으로 나누는 것도 이제 뛰어넘어야 합니다.

  (문재인 대통령, 재임 2017~2022)

- 우리의 독립운동은 주권을 회복한 이후에는 공산 세력과 맞서 자유 대한민국을 지켜내는

**것으로, 그리고 산업발전과 경제성장, 민주화로 이어졌습니다.**

**(윤석열 대통령)**

역대 한국 대통령들은 이처럼 기회가 있을 때마다 연설을 통해 한국이 산업화와 민주화를 동시에 이룬 국가라는 점을 강조해왔다. 산업화는 경제성장의 성과를, 민주화는 민주주의 정치 제도의 성과를 상징한다. 실제 한국은 현재 세계 10위권의 경제성과를 이뤄냈으며, 1987년 이후 한국은 선거를 통한 평화로운 정권 교체를 이루어가고 있다. 동시에 근래 한국에서는 반정부 대규모 평화시위, 대통령 탄핵과 같은 정치적 격변 또한 일어난 바 있다. 역대 대통령들이 "산업화와 민주화를 동시에 이루었다"는 당연한 진실을 반복해서 상기시키는 이유가 여기에 있다.

한국은 다당제 국가이지만 마치 양당제를 채택한 국가처럼 보이기도 한다. 1990년대 이후 보수 성향의 정당과 진보 성향의 정당이 정권교체를 번갈아 이루어 왔다. 이런 가운데 대안정당 성격의 제3정당이 총선을 앞두고 창당하는 일이 드물지 않게 일어나지만, 대부분 정당은 기존 양당에 흡수되거나 원내 교섭단체(의석 20석)를 구성하지 못하는 군소정당 형태로 유지되어 왔다.

2023년 말 현재 윤석열 대통령을 배출한 여당인 국민의힘이 보수 성향의 정당이며, 이재명 대표가 이끄는 더불어민주당이 진보 성향 정당으로 구별된다. 국민의힘과 더불어민주당, 양당 모두 한국이 산업화와 민주화를 이루어 냈다는 점을 역사적 사실로 인정하고 있을 뿐 아니라 산업화와 민주화라는 어순 또한 공통적으로 따르고 있다. 한국이 이뤄낸 건 '민주화와 산업화'가 아니라 '산업화와 민주화'라는 것이다. 다시 말해서 한국에서는 진보든, 보수든 산업화를 이룬 뒤 다음 수순으로 민주화를 이루어낸 나라로 국가의 정체성을 인식하고 있는 셈이다.

역대 대통령 역시 산업화에 매진한 대통령, 민주화를 위해 투쟁한 대통령, 산업화와 민주화를 이룬 뒤 국가 경쟁력을 키우기 위해 애쓴 대통령으로 구분할 수 있다. 이승만 초대 대통령 이후 오랫동안 집권한 박정희, 전두환 대통령이 대표적인 산업화 대통령으로 분류된다. 1962년 5·16 쿠데타 이후 집권한 박정희 대통령은 1963년부터 1~4차 경제개발 5개년 계획을 수립해 경공업 중심이던 한국의 제조업 체계를 중화학 공업 중심으로 탈바꿈시켰다. 박정희 대통령은 수출제일주의를 내세우며 다른 나라로부터 빌린 차관을 고속도로 건설, 제철·자동차·정유·건설산업 육성 및 도시화를 위해 썼다. 이와 같은 산업화 전략으로 경제성장을 성공시켰지만, 정치·사회적 부문에서는 반대 세력에 대한 탄압과 같은 독재적인 장면이 연출되었다.

1980년 취임한 전두환 대통령 시절에도 경제는 안정화되었지만, 반대 세력에 대한 탄압이 이어졌다. 결국 대규모 학생운동과 시민운동이 전개된 끝에 1987년 직접투표를 명문화 한 새 헌법이 탄생하게 되었다. 산업화 대통령으로 분류되는 박정희·전두환 대통령 시절 한국의 경제성장을 '한강의 기적'이라고 칭한다. 1960년대 대한민국 1인당 국민소득은 100달러 미만이었지만, 1990년대가 되면 1인당 국민소득이 2만 달러로 늘어날 정도로 비약적인 성장을 했기 때문이다. 그러나 이 기간 언론·표현·집회·결사의 자유는 크게 제약되었고, 이로 인해 민주주의 가치는 구현되지 못했다. 무엇보다 국민의 대표인 대통령을 뽑는 선거가 간선제였기 때문에 정치 리더십 경쟁 체제가 구축되지 못하였다.

1987년 헌법 개정 이후 첫 대통령인 노태우 대통령의 대선 캐치 프레이즈는 '보통사람'이었다. 이는 이전까지 대통령이 '높은 사람' 내지는 '선지자'의 의미를 지니고 있었음을 방증한다. 한편으로 선출된 리더가 '보통사람'이란 선언은 이후 권력에 대한 다양한 방식의 견제가 이루어지는 한국의 민주화 여정의 출발점이 되었다. 박정희·전두환 대통령처럼 군인 출신인 노태우 대통령의 후임으로 김영삼 대통령이 당선된 이후 한국은 민주화의 길을 본격적으로 걷기 시작했다. 김영삼 대통령 후임인 김대중 대통령은 한국 역사상 첫 정권교체를 이룬 대통령이자 진보 진영 첫 대통령이다. 이어 노무현 대통령(진보), 이명박 대통령(보수), 박근혜 대통령(보수), 문재인 대통령(진보), 윤석열 대통령(보수)으로 진보 진영과 보수 진영 간 정권교체가 빈발하고 있다.

산업화 또는 민주화 그 자체를 당면목표로 삼았던 대통령들이 있었다. 앞서 보았듯이 박정희 대통령과 전두환 대통령은 국가 경제성장을 전면에 내세웠고,

그 과정에서 국민의 기본권을 제약하는 반민주적 통치 행위가 일어나기도 하였다. 역으로 김영삼 대통령과 김대중 대통령은 민주적인 절차와 내용을 되살리는 여러 조치를 국정과제로 삼아 전격 추진했다.

김영삼 대통령은 이전 군인 출신 대통령들과 구별하기 위해 '문민정부'라고 정부를 지칭하며 군부 기득권 세력 척결에 나섰다. 불법 정치자금 등 부패 봉쇄를 위해 차명계좌 개설이 금지되는 금융실명제를 1993년 8월부터 실행하기도 했다. 국회의원과 장관 등 고위공무원 재산을 공개 및 신고하게 했다.

1995년부터 김영삼 대통령은 '세계화'(Globalization) 구호를 전면에 내세우며 언론, 환경, 문화, 국민의식, 산업 부문에서의 개혁을 시도했다. 그러나 김영삼 대통령의 개혁은 그의 임기 마지막 해인 1997년에 맞은 IMF 외환위기 때문에 당대 좋은 평가를 받지 못했다. 그러나 김영삼 대통령이 국민적 지지를 얻어 전격 단행한 군부세력 척결, 금융실명제, 공직자 재산공개 제도 등은 현재까지 이어지며 특정 세력의 권력 독점, 부정부패를 견제하는 주요 장치가 되고 있다.

김영삼 대통령에 이어 김대중 대통령이 취임할 당시 한국에는 1,500억 달러의 대외차관이 있었으나, 외환보유고는 39억 4,000만 달러에 그쳤다. 국가 부도 상태에서 IMF(국제통화기금) 지원을 받으며 출범한 김대중 정권은 IMF 요구에 따라 외국인 투자 규제를 대거 풀었다. 글로벌 스탠다드에 맞추어 기업·공공·노동·금융 4대 부문 개혁을 시행했고, 재벌그룹 퇴출 및 구조조정이 이뤄졌다.

이 같은 경제정책을 편 끝에 한국은 IMF로부터 받은 지원금을 예정보다 3년 앞당겨 전액 상환하며 IMF 졸업생이 되었다. 국가경제는 회복 되었지만 IMF 구제금융을 받는 동안 노동시장에선 실업이 늘고, 비정규직이 증가하는 식의 구조조정이 이루어졌다. 이는 소득 양극화 및 중산층 계층의 쇠퇴로 이어졌다. 이에 1998년 7월에 기초생활 보장제도를 마련해 2002년 빈곤층에 최저생활비를 지원하는 등 다양한 분배와 복지 제도가 구현되었다. 김대중 정부에서는 산업화 시절 벌어진 각종 기본권 제약 사건 등에 대해 재조사하고 국가가 보상하는 내용의 각종 과거사 청산 작업이 이루어졌다.

김대중 대통령 재임 중 IMF 위기에서 벗어나면서 이후 취임한 노무현 대통령 시절부터 산업화와 민주화의 균형을 이루며, 이후 문제점을 해결하는 일이 과제가 되었다. 경제·사회적으로 재벌 중심 사회구조를 바꾸고, 빈부격차를 해소하고, 신성장 동력을 찾아내야 하는 과제를 안게 되었다. 여기에 더해 부동산 등 자산 격차 문제를 해소하고 저출생 문제를 해소하는 일이 대통령의 과제가 되었다.

과거 산업화와 민주화 성과를 계승, 발전하는 과업은 쉽지 않은 일일 뿐 아니라 사회 구조적인 변화를 요하는 일이다. 이에 따라 지난 20여 년 간 한국의 대통령이 비운의 결론을 맞이하는 일이 드물지 않았다. 대통령과 대통령 가족이 수사를 받거나, 대통령이 감옥에 가거나 스스로 목숨을 끊는 일이 벌어졌다.

대통령의 수난은 '권력기관 간 견제와 균형'의 원리에 따라 움직이는 한국의 민주주의 체계에서 기반하는 면이 있다. 이를테면 박근혜 대통령 탄핵 국면에서 다양한 국가기관의 기능이 작동하는 것을 볼 수 있다. 우선 최순실 국정농단 사건에 연루된 박근혜 대통령에 대한 탄핵 목소리가 높아진 건 시민들의 촛불시위가 몇 달 동안 이어지면서부터였다. 특검이 구성돼 2016년 12월~2017년 2월 28일까지 특검의 수사가 이어졌다. 한편으로 2016년 11월 국회에서 대통령 탄핵을 추진하는 세력이 결집하기 시작했고, 이어 같은 해 12월 9일 국회의원들이 대통령 탄핵을 의결했다. 이후 헌법재판소는 사건을 심리한 뒤 2017년 3월 10일 대통령 탄핵을 선고했다.

탄핵으로 임기 단축 대통령이 나오기도 한 반면 의회는 4년에 한 번씩 선거를 치르는 체제를 유지하고 있다. 직전 선거인 2020년 총선에 의해 구성된 21대 국회를 기준으로 국회는 253개 지역 선거구에서 1명씩 선출된 국회의원 253명과 비례대표 47명으로 구성되어 있다. 국회의원 피선거권은 25세 이상 국민에게 주어진다.

대통령과 국회의원과 함께 또 다른 주요 선출권력으로 지방자치단체장이 있다. 지역의 주민들과 자치단체가 지역의 과제와 공공행정을 다루는 제도인 지방자치제에 대한 헌법적 근거는 제헌헌법에 이미 포함되어 있었지만, 지방자치 선거는 1990년대 들어서 실시됐다. 1991년 3월 시·군·구의회 의원이 선출되었고,

단체장 선출을 포함한 지방자치 선거는 1995년 6월 이뤄졌다. 현재 17개 시도지사와 교육감, 기초단체장, 시·군·구의회 의원을 뽑는 선거가 시행되고 있다.

## 5. 한국의 역사 및 지리

아주 오래전 옛날 하늘의 왕 환인의 아들인 환웅은 '사람들을 널리 이롭게 하겠다'(홍익인간)의 뜻을 품었다. 이에 환인은 환웅을 인간의 땅으로 내려보내 주었다. 바람, 구름, 비를 관장하는 신하와 3,000명을 거느리고 태백산에 내려 온 환웅은 인간 사회를 다스리기 시작했다.

어느 날 곰 한 마리와 호랑이 한 마리가 환웅을 찾아와 "인간이 되고 싶다"고 청했다. 환웅은 곰과 호랑이에게 쑥 한 줌과 마늘을 주면서 "이것만 먹고 동굴에서 100일 동안을 견딘다면 사람이 될 수 있다"고 말했다.

곰과 호랑이는 굳은 각오를 하고 쑥과 마늘을 지닌 채 동굴로 들어갔지만, 범은 그만 견디지 못하고 동굴을 뛰쳐나가 버렸다. 곰은 21일 만에 여자 사람 웅녀로 다시 태어났다. 웅녀는 이번에는 결혼할 사람이 없다며 신단수 아래로 가 "아이를 갖게 해달라"고 빌었고, 이를 들은 환웅이 웅녀와 결혼하였다.

환웅과 웅녀 사이에서 태어난 단군은 자라서 기원전 2333년 평양성에 나라를 세웠다. 나라 이름은 조선으로 지었는데, 이후 생긴 조선이라는 나라와 구별하기 위해 고조선이라고 부른다.

단군신화라고 부르는 이 이야기는 한국의 건국 신화이다. 신화의 무대는 한반도와 중국 만주 쪽이었다. 한반도 쪽에선 기원전 10세기, 만주 지역에선 기원전 15세기에 청동기시대가 시작되었다. 기원전 3세기쯤 중국에서는 진나라가 한나라로 교체되었는데, 이때 많은 유민들이 고조선으로 남하했다. 이때 철기 문화가 고조선으로 전해졌다.

고조선은 한나라의 침략을 받아 기원전 108년쯤 멸망했다. 이후 만주와 한반도 일대에 새로운 부족국가들이 탄생했다. 만주 지역의 부여, 동해안 북부쪽 옥저와 동예, 고조선 남쪽 지역에 마한, 진한, 변한 등이 있었다.

이 가운데 만주 지역에 위치한 부여의 왕인 금와왕이 주몽을 키웠다. 주몽의 어머니는 물을 다스리는 신인 하백의 딸 유화로 하느님의 아들 해모수와 연인 관계였다. 어느날 유화가 방 안에 있는 유화를 햇빛이 따라 다니더니 얼마 지나지 않아 임신했던 유화는 커다란 알을 낳았다. 그 알에서 아이가 나왔다. 아이는 커서 활을 백발백중으로 잘 쏘았고, 이에 활을 잘 쏜다는 이유로 아이를 주몽이라고 불렀다.

재주가 좋은 주몽을 금와왕의 다른 아들들이 질투해 죽이려 하자 주몽은 자신의 부인에게 "아들을 낳으면 그 아들에게 징표를 주라"고 한 뒤 남쪽으로 떠나 졸본 지역에 다다르자 기원전 37년에 나라를 세웠는데, 이 나라가 고구려이다. 주몽이 나라를 한참 다스리던 때 부여에서 자라던 주몽의 아들이 징표를 들고 아버지를 찾아왔다. 이에 고구려에서 결혼한 소서노와의 사이에서 낳은 아들인 비류와 온조는 다시 남하해 나라를 건국했는데, 이 나라가 백제이다.

한편 한반도 남쪽의 진한 지역에서는 여러 부족들이 알천 언덕에 모여서 덕이 있는 사람을 임금으로 삼기 위해 논의 중이었다. 그때 하늘에서 번개가 내리치자, 사람들은 번개가 친 우물 근처로 갔다. 그 곳에는 붉은 알 하나가 있었는데, 알을 깨고 남자 아이가 태어났다. 이 아이가 혁거세왕으로 신라를 건국했다.

위의 이야기들은 고구려와 백제, 신라의 건국신화이다. 세 나라는 이후 한반도 지역에서 세력을 겨뤄가며 3국 시대를 열었다.

고조선부터 삼국시대 고구려, 백제, 신라의 건국신화에 자주 등장하는 요소가 있다. 부계 혈통이 하늘과 관련되어 있다는 점, 이에 따라 하늘을 나는 새처럼 알에서 태어난다는 점, 위기 상황에서 동물과 자연의 보호를 받는다는 점 등이다. 북쪽 지역의 국가를 떠나 남쪽으로 영토를 확장하는 모습을 보였는데, 이를 두고 북쪽의 선진 문물이 남쪽으로 전승되는 경로가 건국신화에 반영되어 있다는 설명이 나온다. 한편으로 한반도의 위도(북위 33~43도)를 감안했을 때 남쪽으로의 세력 확장은 농사, 특히 쌀(벼)농사 짓기에 유리한 선택이었음을 알 수 있다.

한반도, 특히 남부 지역은 고온다습한 여름이 오래 지속되고 강수가 집중되기 때문에 벼농사에 유리했다. 만일 건국신화 속 국가의 시조들이, 또는 고대 한국인들이 북쪽으로 진출했다면 벼농사보다 밀농사를 짓는 데 익숙해졌을 것이다.

같은 농사이지만 벼농사와 밀농사는 공동체 문화를 서로 다른 방향으로 발전시키는 촉매가 된다. 미국 버지니아대학 토마스 탈헬름(Thomans Talhelm) 교수는 벼농사 지역과 밀농사 지역의 문화가 달라지는 이유를 이렇게 설명한다. 벼농사는 비가 많이 올 때 물을 가둬두는 농법을 써야 하기 때문에 치수를 위한 토목공사를 해야 하며, 토목공사는 집단노동을 통해 이뤄진다. 저수지에 물을 가둬두는 일만큼 중요한 것이 순서대로 물을 나눠쓰는 일이다. 즉 내 논에서 사용한 물을 옆 논으로 내어주는 수로까지 완비되어야 효율적으로 벼농사를 지을 수 있다.

강수량이 많아 물이 많은 지역의 땅은 무르다. 만일 돌로 벽을 쌓아서 집을 만들었는데, 무른 땅에 집중호우라도 내리면 벽이 무너지기 일쑤다. 유현준 교수는 바로 이런 이유 때문에 벼농사 지역에서는 기둥 중심, 목재 중심 건축이 발달했다고 설명한다. 기둥을 깊게 박아놓고 그 기둥을 목재나 종이, 흙으로 연결하는 방식의 집을 지은 것이다.

반면 땅이 보다 단단한 밀농사 지역에서는 돌로 벽을 쌓아서 튼튼한 집을 짓는다. 유럽 지역 건축물이 이런 구조인데, 벽 중심 건축물에서는 창문의 크기를 작게 낸다. 반면 기둥 중심 한국 의 건축물인 한옥은 여름철에 사방의 문과 창문을 열어 개방적인 공간을 만들 수 있게 설계되어 있다.

한국의 전통가옥인 한옥은 나무와 짚, 흙, 돌, 종이 등 자연재료로 건축된다. 삼국시대부터 한국은 온돌 방식으로 난방을 했다. 난로를 두는 대신 아궁이에 불을 떼서 방 바닥 구들을 데워 뜨거운 공기가 방 안에서 대류를 일으키는 난방을 했다는 뜻이다. 한반도의 겨울은 위도에 따라 연중 3~5개월에 이르는 긴 시간이었고, 이 기간 난방이 필수적이었는데 온돌 난방을 하였기 때문에 한옥은 대부분

단층으로 지어졌다. 그래서 집 전체를 두르는 담장 안에 평면적으로 1층짜리 건물을 배치하는 공간구성이 이뤄졌다.

조선시대 한옥은 여성의 공간인 안채와 남성의 공간인 사랑채, 행랑, 사당, 별당 등으로 구성됐다. 안채는 가족의 공간이며 사랑채는 손님을 맞이하는 공간이었다. 행랑은 하인들이 거처하는 공간으로 창고 등이 같이 있었다. 별당은 여가를 보내는 공간이다. 건물 사이에 마당이 조성되었다. 현대에도 사람들이 기거하는 한옥은 지붕에 기와집을 얹은 경우가 대부분이지만, 전통 한옥은 규모가 제각각이었을 뿐 아니라 지붕 위에 얹은 재료도 다양했다. 지붕 재료에 따라 초가집이나 너와집 등이 있는데, 이 집들 역시 넓은 범위에서 한옥이라고 부른다.

한반도의 남북 길이는 950㎞, 동서 길이는 540㎞이다. 3면이 바다이며 산지가 70%이다. 다만 해발고도 1,000m 이상의 산은 15%이며, 산지의 65%는 500m 이하이다. 4계절이 뚜렷한데다 지역별로 서로 다른 지형을 갖춘 덕분에 한반도에서는 다양한 동계, 하계 스포츠가 모두 가능하다는 장점이 있다. 여름에는 수량이 늘어난 계곡과 강에서 래프팅을 하고, 겨울에는 스키를 즐길 수 있는 기후와 지형이 갖추어져 있다.

한국은 빠르게 도시화가 진행된 공간이기도 하다. 2022년 도시에 사는 인구 비율은 91.9%에 달했다. 1955년 24.5%에 불과했던 도시화율은 1980년 69.4%, 2005년 89.9%를 기록한 이후에도 미미한 증가세를 이어가고 있다. 90%가 넘는 도시화율은 국토균형발전을 저해할 뿐 아니라 각종 사회현상의 원인 또는 결과로 해석된다. 김소연(2023)은 2003년부터 2020년까지 OECD 29개국의 불균형 패널자료를 활용해 도시화가 소득불평등에 미치는 영향을 살피는 연구를 하였다. 추정 결과 도시화와 소득불평등 간 역U자형 비선형관계가 존재하는 것으로 나타났다. 구체적으로 OECD 국가의 도시화가 74.01%까지 증가할수록 소득불평등이 높아지지만, 도시화가 그 이상 확대되면 소득불평등을 감소시키는 것으로 나타났다. 단, 이때부터는 도시별 소득불평등 격차가 커질 것으로 보인다.

한국의 도시화율이 74%를 넘어선 것은 1980년대 전반기인데 실제 1980년대 3저(저유가, 저달러, 저금리)에 힘입어 한국경제는 호황을 맞이하였고, 이 시기

**그림 4-1 5년간 가계 소득 및 자산 변화**(단위: 만원)

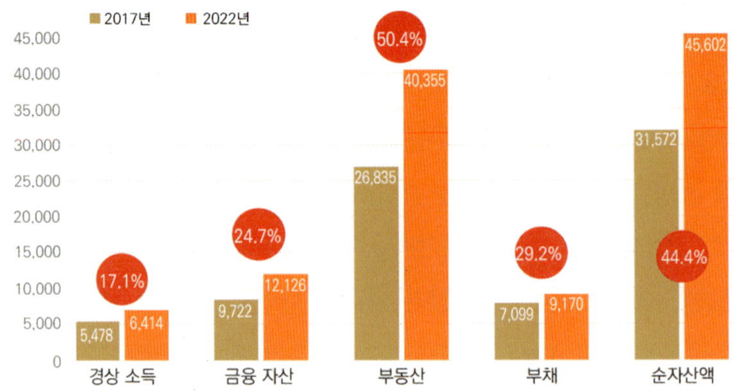


자료: 통계청

**그림 4-2 자산 분포**(단위: %)

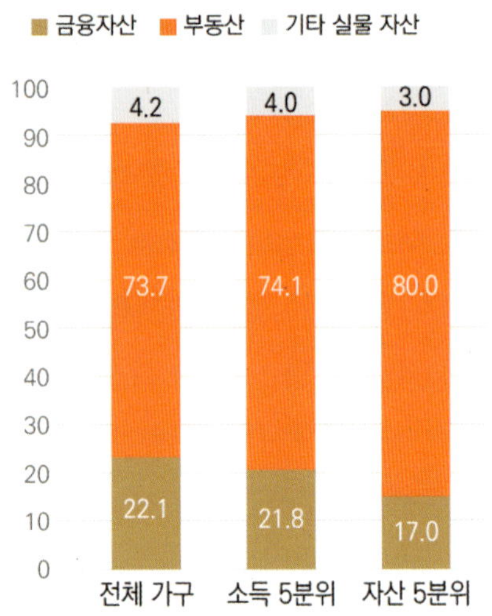


자료: 통계청

도시 중산층이 형성되기 시작하였다. 1989년 갤럽 조사에서 국민의 75%가 "나는 중산층"이라고 응답할 정도로 중산층 인식은 빠르게 증가했다. 그러나 2022년 NH투자증권이 발간한 중산층보고서에선, 실제 소득 기준 중산층 응답자의

45.6%가 자신을 하위층으로 규정했다. 체감 중산층이 감소하는 건 상대적 불평등을 민감하게 생각하는 경향 때문이기도 하지만 양극화와 높은 생활물가, 자산의 부동산 쏠림현상 및 가계 유동자산의 부족 등이 반영된 결과로도 평가된다.

90%가 넘는 한국의 높은 도시화율은 아파트라는 주거형태 덕분에 가능한 면도 있다. 2020년 현재 2093만 일반가구 중 52%인 1,078만 가구가 아파트에 거주한다. 집합건물인 아파트는 집을 수선하거나 관리하는 일의 상당 부분을 생략시킬 수 있는 주거 형태로 대체로 직장에 있는 시간이 길고 집에 있는 시간이 적은 한국인들에게 적합한 주거로 꼽힌다. 한국경제발전의 틀을 짠 박정희 대통령은 1962년 마포아파트 기공식에서 아파트를 "혁명 한국의 한 상징"이라고 칭하기도 하였고, 이후 아파트는 '한국의 상징'이 되어왔다.

하지만 한국에서 아파트는 단지 주거의 한 유형에 그치지 않는다. 지역과 층만 다를 뿐 균일한 주거 품질을 보장하는 아파트는 주택에 비해 거래되기 좋은 조건을 지녔고, 이에 따라 한국에서 아파트는 화폐 및 자산시장과 같은 기능을 수행한다. 경기에 따라 전국의 아파트 시세는 비슷한 움직임으로 등락을 거듭했고, 이에 사람들은 아파트를 자신의 부를 보관해둘 자산으로 활용하는 동시에 자산소득을 늘릴 도구로 활용했다. 통계청의 2022년 가계금융복지 조사 결과를 보면 한국 가계의 자산 중 73.7%가 부동산에 묶여 있는데, 이 부동산의 상당 부분이 아파트이다.

## 6. 한국의 교육과 교육기관

제2차 세계대전이 끝난 뒤 독립을 이루자마자 남북 분단을 겪은데 이어 1950년 한국전쟁이 발발했다. 전쟁 초반 북한군의 기습침략을 당한 남한군은 후퇴를 이어갔고, 사람들은 피난길에 올랐다.

그러나 전쟁도 한국인들의 교육열을 이기지 못했다. 한국전쟁 기간 동안 초등학교 취학률을 높이고 문맹률을 낮추기 위한 조치로 '의무교육완성 6개년 계

**표 4-2 연도별 취학아동 변화 추이(1954-1959)**

| 연도 | 학령아동수(명) | 취학아동수(명) | 취학률(%) |
|---|---|---|---|
| 1954 | 3,246,364 | 2,678,978 | 82.5 |
| 1955 | 3,289,865 | 2,947,436 | 89.5 |
| 1956 | 3,333,949 | 2,997,813 | 89.9 |
| 1957 | 3,480,225 | 3,170,891 | 91.1 |
| 1958 | 3,583,427 | 3,315,989 | 92.5 |
| 1959 | 3,799,690 | 3,558,142 | 96.4 |

자료: 문교부 '문교 40년사' 1988

획'(1954~1959년)과 '문맹퇴치 5개년 계획'(1954~1959년)이 수립되었고, 전쟁 직후인 1954년부터 실행에 들어갔다. 이 계획의 목표는 1959년까지 전체 학령아동의 취학률을 96%까지 끌어 올리는 것이었는데, 목표는 조기달성 되었다. 정부수립 당시인 1948년 초등학교 취학률이 74.8%였던 것이 전쟁 발발 이후인 1951년 69.8%까지 떨어졌는데, 이 수치가 1959년 96.4%로 V자 반등을 이뤄냈다. 이미 전쟁 통에도 피난지에는 임시 초중고교가 생겼고, 부모들은 아이들을 학교에 보냈다. 정부는 대학 교육의 발전을 위해 1951년 2월 대학생 징집 연기조치를 발효했다.

당시 한국인은 왜 이렇게 자식이 교육을 받는 데 열심이었을까? 우선 한국에서 공부는 미래 부와 직위를 높일 가장 확실한 통로로 인식되었다. 국가적으로도 지하자원이 부족한 국가에서 유일하게 동원할 수 있는 자원이 '공부한 사람'이라는 인식을 지니고 있었다. 경전의 가르침을 익히는 공부를 하고, 이것이 출세의 지름길이 되는 유교의 전통도 높은 교육열에 영향을 미친 요인이다.

집에서는 자녀의 공부가 출세 통로가 되었고, 나라에서는 학생들이 공부하는 게 미래 한국의 경제를 성장시킬 자원이라는 인식 속에서 교육열은 점점 높아졌다. 전쟁 중 학업은 장기적으로 북한과의 체제 경쟁에서 승리를 거둘 마지막 희망이 교육을 통한 경제성장에 있다는 믿음이 작동했다.

한국의 학교급은 한국전쟁 때와 크게 바뀌지 않았다. 초중등교육은 초등교육 6년(6~12세), 중학교 3년(12~15세), 고등학교 3년(15~18세)로 구성되어 있다.

그림 4-3 한국의 교육체계와 교육기관

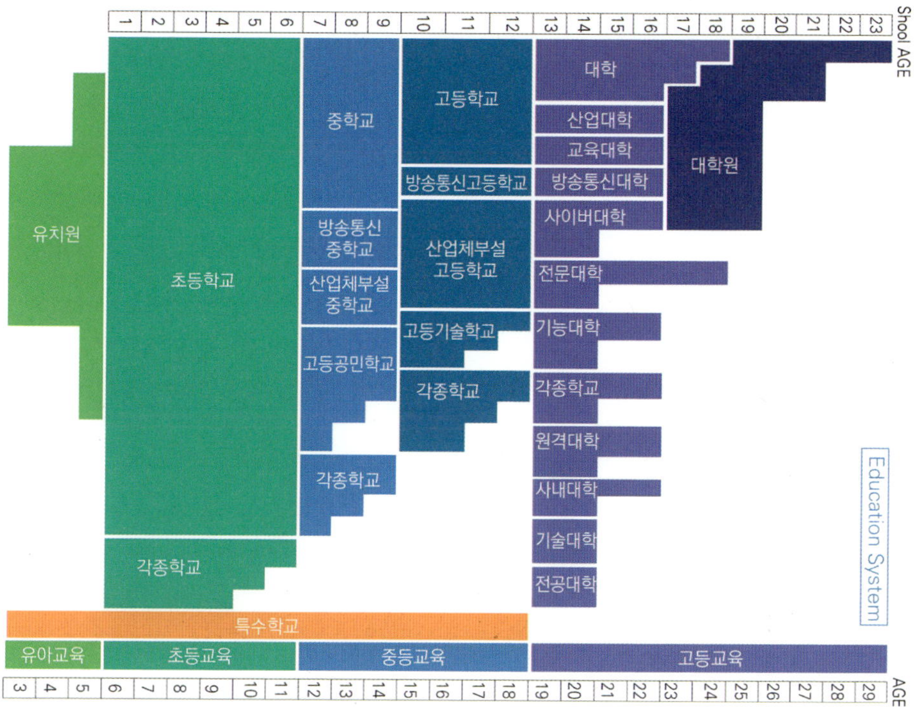


초등학교부터 중학교까지 총 9년이 의무교육이자 무상교육 기간이며, 고등학교 교육은 무상으로 제공되지만 의무교육은 아니다. 고등학교를 마친 뒤 진학하는 고등교육 기관인 대학은 대학, 산업대학, 교육대학, 전문대학, 원격대학, 기술대학, 각종학교로 분류된다.

한국의 교육과정 중 가장 중요한 일정은 대학입시이다. 대입 시험인 대학수학능력시험(수능)은 1년에 한 번 치르는데, 이 날에는 수험생들이 고사장에 제시간에 들어갈 수 있도록 증시 개장시간을 늦추고, 직장인들도 1시간 늦게 출근하는 조치가 취해진다. 듣기평가 시간 동안은 전국에서 비행기가 뜨지 않는다. 2000년대 후반 이후 대학들의 대입전형 자율 재량이 강화돼 대학들이 수능 외 다른 평가방식으로 학생을 선발하는 수시 전형이 확대되었음에도 한국에서 수능은 일종의 통과의례처럼 긴장 속에서 행해진다.

그림 4-4 2022년 초중고사교육비조사 결과

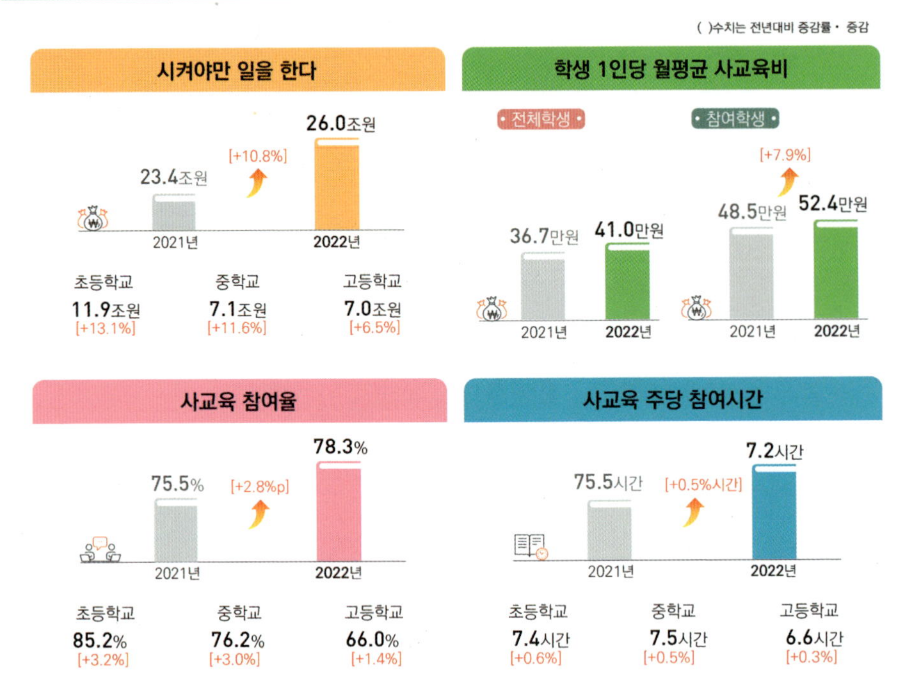


자료: 통계청

대입 경쟁은 초중고교 학생들의 사교육비를 늘리는 핵심 요인이기도 하다. 교육부와 통계청의 2022년 초중고 사교육비 조사를 보면 2022년 학생들의 사교육 참여율은 78.3%, 학생들이 쓰는 사교육비 총액은 26조원에 달했다. 입시 위주 공교육에 막대한 사교육 시간과 비용을 쓰는 한국 학생들은 세계에서 불행한 학생들의 집단에 포함되곤 한다. 2017년 OECD 학생 웰빙 보고서를 보면 한국 학생들의 삶의 만족도 평균은 10점 만점에 6.4점으로 OECD 평균 7.3점보다 낮았다. 이로 인해 한국 교육이 풀어야 할 최우선 과제로 학업 성취도 향상이 아니라 학생들의 행복감 증진이 꼽히고 있다.

## 7. 한국의 의료 및 제도

83.5년. '경제협력개발기구(OECD) 보건통계 2022'에서 집계한 한국의 기대수명이다. 2020년에 태어난 출생아가 앞으로 살 것으로 기대되는 연수가 83.5년이라는 것인데, 한국인의 기대수명은 OECD 평균인 80.5년에 비해 길다.

2019년 한국의 회피가능사망률은 인구 10만 명당 147.0명으로 OECD 평균인 215.2명보다 낮았다. 회피가능사망률은 질병을 예방하거나 시의적절하게 치료해 막을 수 있는 사망률을 의미한다. 한국의 회피가능사망률은 멕시코(387.0명), 미국(273.0명), 영국(194.0명), 독일(188.0명)보다 낮았고 일본(137.0명)보다 높았다.

OECD 다른 나라에 비해 한국인들의 기대수명이 높고, 회피가능사망률은 낮다는 결과는 한국의 보건의료 체계가 꽤 적절하게 작동하고 있다는 결론으로

**그림 4-5** 기대수명 추이(2010~2020)

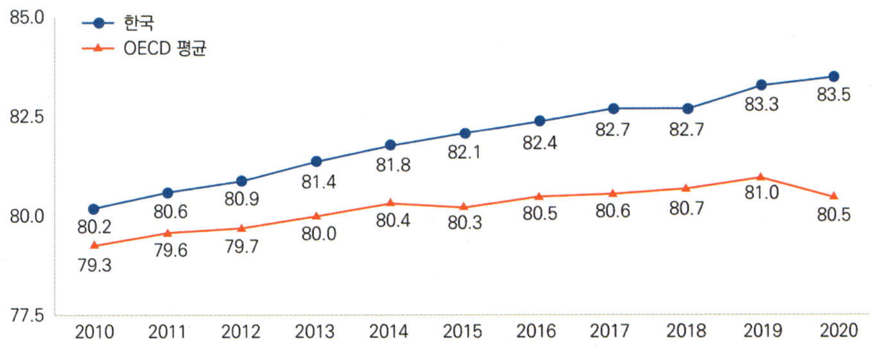


**표 4-3** 기대수명(2020) (단위: 연도)

| | 독일 | 프랑스 | 일본 | 한국 | 미국 | 멕시코 | OECD 평균 |
|---|---|---|---|---|---|---|---|
| 기대수명 | 81.1 | 82.3 | 84.7 | 83.5 | 77.0 | 75.2 | 80.5 |
| 남자 | 78.7 | 79.2 | 81.6 | 80.5 | 74.2 | 72.4 | 77.8 |
| 여자 | 83.5 | 85.3 | 87.7 | 86.5 | 79.9 | 78.1 | 83.2 |

**그림 4-6** 한국의 회피 가능한 사망률 추이(2009~2019)

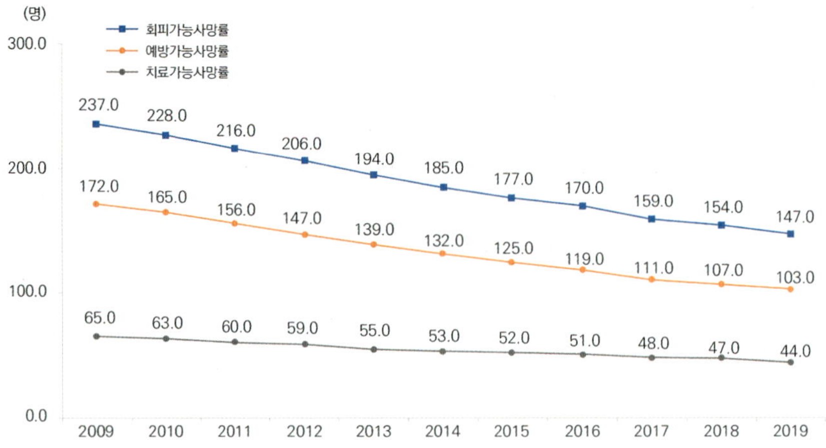


자료 OECD, 보건복지부

이어진다. 한국인들은 일상 중 병원에 가기 쉽고, 적절한 치료를 저렴한 가격으로 받을 수 있다고 믿는다. 그리고 이 같은 일들이 건강보험 덕분에 가능하다고 본다.

건강보험의 전신인 의료보험은 1963년 12월에 도입됐다. 처음에는 직장인만 의료보험 가입을 할 수 있었다. 1977년에는 500명 이상 기업을 대상으로 직원 의료보험 가입 의무화 조치를 시행했다. 이어 1979년 공무원에게, 1981년부터 자영업자에게 보험이 제공됐다. 1989년에는 전국민을 대상으로 건강보험이 적용됐다.

전국민 건강보험 체제에서 의료비는 국가의 통제를 받는다. 이에 따라 많은 이들이 경험하는 질병을 진단하고 치료하는 비용의 상한액이 정해져 있는 경우가 많다. 비용을 국가가 통제하는 구조 덕분에 건강보험이 적용되는 한국의 의료비용은 낮은 편이다.

한국에서 일하는 외국인의 경우 건강보험 직장가입자격을 취득할 수 있다. 2006년부터 직장가입자 적용 사업장에 근무하거나 공무원, 교직원으로 임용되거나 채용된 재외국민 및 외국인에게 건강보험 가입을 의무화하고 있기 때문이다. 직장가입자의 피부양자 자격으로 건강보험 수혜를 받는 조건도 외국인과 내국인 간 차별이 없다. 외국인은 또 지역가입자로 건강보험에 가입할 수 있다. 국내 입국한 날로부터 석 달이 지났으며 외국인 등록 또는 국내거소신고, 주민등록신고를 할 경우 건강보험 가입자격이 생긴다.

외국인 건강보험 가입자는 2017년 88만 9,891명에서 2021년 123만 7,278명으로 증가하는 추세다. 같은 기간 외국인들이 낸 건강보험료는 8,818억원에서 1조 5,793억원으로 늘었다. 외국인 직장가입자의 가족들도 피부양자 자격으로 건강보험 혜택을 보는데, 2022년 7월 기준 외국인 건강보험 직장가입자의 1인당 피부양자수는 0.4명으로 내국인(0.93명)의 약 43%에 그쳤다. 그러나 몇 년 전 건강보험료를 납부하지 않은 외국인 또는 재외동포가 일시 귀국해서 건강보험 혜택에 따른 병원 치료를 받고 돌아간 일이 사회문제가 된 이후로 외국인 건강보험 가입자들이 과잉치료를 받는지 의심하는 눈초리가 여전히 있다. 건강보험 통계는 이와 같은 의심이 기우에 그칠 가능성을 보여준다. 2017~2021년 5년 동안 외국인 건강보험 재정수지는 매년 흑자를 기록했는데, 이는 외국인이 건강보험 보험료로 내는 돈이 지원받는 보험금보다 많다는 뜻이다.

CHAPTER

# 05

# Working with Koeans 3

## : 문화적 차이

## 1. 한국인의 사고방식: 한국인의 특징적인 사고 및 인지 방식

최근 한국과 아랍의 교류가 증가하고 있다. 아랍 지역에서 한류의 인기가 높아지고 있으며, 인적 교류도 활발해지고 있다. 한국 의료를 경험하기 위해 방문하는 아랍인들도 많고, 유학생도 많다. 이에 따라 한국인들이 아랍 문화를 배우고 할랄 식재료 공급에 힘쓰는 등 여러 변화가 생기고 있다. 아랍과 한국은 기후, 종교, 가족형태 등의 면에서 이질감을 느껴온 것이 사실이다. 역으로 한국에 온 유학생들은 한국인들의 삶을 어떻게 수용하고 있을까?

아랍지역학을 전공한 송경근 명지대 교수는 '아랍 유학생이 한국에서 직면하는 문화적 차이에 관한 연구'에서 아랍 유학생이 생경하게 느끼는 어려움을 정리했다. 이에 따르면 아랍인들은 한국인 특유의 '빨리빨리' 문화를 농경민의 전통으로 보았다. 장마와 같은 급격한 기후 변화에 대비해 사람들이 집단으로 모여서 급하게 시간 내 일을 처리하려다 보니 한국인에게 서둘러 일 처리를 하려는 습관이 생겼다는 얘기다.

이슬람교와 다른 한국의 유교 문화도 아랍 유학생에게는 이질적인 대목이다. 유교는 내세관이 약하고 현실 세계를 중시한다. 자식에 대한 맹목적인 교육열, 벌어진 일에 순응하는 대신 일의 상황을 바꿔보려고 노력하는 모습, 그러면서도 기복신앙에 기대는 모습은 '인샬라(신의 뜻대로)'의 삶의 태도를 지닌 아랍 유학생에게 생경한 모습이란 것이다.

농경민 전통을 지닌 한국인들은 유목민인 아랍인에 비해 사교적이지 못하다는 평가도 내린다. 잘 모르는 사람들에게 자신의 마음을 잘 내보이지 않는다는 것이다. 아랍인에 비하여 말수가 적고, 말이 많은 것은 경박하다고 생각하는 듯한 한국인의 모습을 처음 본 아랍인들은 한국인들이 화가 났는지 오해하는 경우도 있다고 한다. 아랍인뿐 아니라 길에서든, 엘리베이터에서든 눈을 마주친 사람끼리 가벼운 인사를 나누는 '스몰토크(small talk)'가 발달한 나라의 관점에서 봤을 때 한국인을 다소 무뚝뚝하게 보이게 하는 특징이다. 일단 친해진 뒤에는 누구보다 끈끈한 관계맺기에 능숙한 한국인의 입장에서는 다소 억울할 수도 있겠다.

어쩌다 마주친 낯선 사람들과도 쉽게 대화와 인사를 나누는 서구권과 아랍권 사람들과 다르게 한국인이 공동체 내 소통에 능숙한 이유 역시 농경민 전통에서 찾는 시각이 있다.

토머스 탈헬름은 서구인과 동아시아인 사이에 나타나는 문화 차이를 '벼농사 이론(rice theory)'으로 설명했다. 동아시아인들이 집단 내 관계를 중시하는 이유가 벼농사를 지었기 때문이고, 서구인들이 개인적인 판단에 능한 것이 빵을 먹기 때문이란 것이다. 이런 설명이 가능한 것은 벼 재배가 대규모 관개수로 개발을 필요로 하는 재배법이기 때문이다. 공동체의 협력이 있어야 가능한 일이기 때문에 사람들이 모여 군락을 이루고 정주하며 살았다. 밥과 빵으로 나뉜 식습관 또한 서양인과 동양인의 문화를 가르는 요인이 되었다. 어느 나라에서든 밥은 앉아서 한 자리에서 먹기 마련이지만, 빵은 길에 들고 다니면서 먹을 수 있다. '빵은 길을 만들고 밥은 마을을 만든다'의 저자인 권삼윤은 "빵은 이동하면서 새로운 길을 만드는데 적합한 음식이지만, 밥은 다 함께 모여 먹으면서 촌락 공동체를 만드는 데 적합한 음식"이라고 설명한다. 인류학자 레비스트로스는 "한 사회의 요리는 그 사회의 구조를 나타내는 말"이라고 했다. 밥은 그의 말을 설명하기 가장 좋은 식재료 중 하나일 것이다.

밥을 먹는 문화가 한국인의 삶과 사고에 얼마나 큰 영향을 미쳤는지는 한국인의 금기를 몇 개만 살펴도 알 수 있는 일이다. 한 공동체가 꺼리는 마음을 공통적으로 갖고 있을 때 금기가 되는데, 한국에서는 유독 먹을 것과 관련된 금기가 많다.

모두 알다시피 힌두교는 소를 먹는 일을 금기시하고, 무슬림들은 돼지고기를 먹지 않는다. 한국에서는 음식 중 밥과 관련된 금기가 많다. 아래와 같은 이야기들이다.

**상 모서리에 앉아 밥을 먹으면 미움 받는다.**
**생쌀을 먹으면 부모님에게 안 좋은 일이 생긴다.**
**곡식을 갖고 장난치면 곰보 아내를 얻는다.**

**밥그릇에 수저를 꽂아 놓으면 불길하다.**

**남자가 누룽지를 먹으면 재수가 없다.**

**아이가 궂한 떡을 먹으면 귀신이 붙는다.**

육류가 아닌 곡류, 그 중에서도 밥에 관한 일이나 밥을 먹는 방법에 대한 금기가 많은 이유는 무엇일까. 첫째로 농경사회에서 곡물을 기르는 일만큼이나 수확하고 잘 보관하고, 허투루 쓰지 않는 일이 중요했음이 드러난다. 두 번째로 밥을 먹는 절차와 예절 또한 공동체의 규범으로 지켜내야 할 일이라는 점이 드러난다. 실제 한국에서는 '밥상머리 교육'이라는 말이 있는데, 이는 식사를 하는 동안 아이들에게 간단한 상식과 예절을 가르치는 일을 말한다.

**그림 5-1 연도별 1인당 연간 양곡 소비량** (단위: kg, %)

| 연도 | 2013 | 2014 | 2015 | 2016 | 2017 | 2018 | 2019 | 2020 | 2021 | 2022 |
|---|---|---|---|---|---|---|---|---|---|---|
| 소비량 | 75.3 | 73.8 | 71.7 | 71.2 | 70.9 | 69.5 | 67.4 | 66.3 | 65.0 | 64.7 |
| 차이 | -1.8 | -1.5 | -2.1 | -0.5 | -0.3 | -1.4 | -2.1 | -1.1 | -1.3 | -0.3 |
| 증감률 | -2.3 | -2.0 | -2.8 | -0.7 | -0.4 | -2.0 | -3.0 | -1.6 | -2.0 | -0.5 |

농경사회였던 한국이 빠르게 도시화되는 속도에 비례해 밥에 관한 금기는 잊혀지고 있으며, 밥상머리 교육의 기회도 줄고 있다. 무엇보다 쌀 소비가 줄고 있다. 2022 양곡연도(2021년 11월~2022년 10월)에 한국 국민 한 사람의 연간 양곡 소비량은 56.7kg으로 1992년 소비량(124.8kg)에 비해 절반 수준으로 감소했다. 여기서 말하는 양곡에는 쌀과 함께 보리, 조, 잡곡, 콩 등이 모두 포함된다. 양곡 소비량은 1982년 이후 지속적으로 감소하는 추세이다. "요리는 그 사회의 구조를 나타낸다."는 레비 스트로스의 말을 다시 떠올려 보면, 한국 젊은층의 사고구조와 문화가 이전 세대와 다르게 빠르게 변화하는 데엔 다 그럴만한 이유가 있는 셈이다.

## 2. 한국인과 외국인(서양)의 사고방식 차이

그렇다면 서양의 밀 농사는 어떤 문화를 만들어냈을까. 밀은 쌀에 비해 필수 영양소가 부족해 단백질 보충 등을 위해선 고기나 유제품을 함께 섭취해야 했다. 또한 밀농사를 지은 땅의 지력 고갈이 심했기 때문에 한 햇 동안 땅을 놀리고, 이 땅에 가축을 키워야 했다. 이는 일정 구역에서의 곡물 생산량을 계속해서 늘릴 수 없는 요인이었고, 이에 따라 한 마을에 모여 사는 인구수 역시 제약을 받았다. 벼농사 지역에서는 일하는 자체로 공동체 의식이 형성되었지만, 서구에서는 기독교 등 종교가 공동체를 이루는 장치로서 작용했다.

무역이 발달한 요즘에는 한국인들도 빵을 먹고 서양인들도 밥을 즐긴다. 서로의 문화가 어떻게 다르고, 어떤 과정을 거쳐 형성되었는지에 대해서도 잘 알고 있다. 그럼에도 세대를 이어오며 쌓여 온 사고방식의 차이는 동서양 문화 콘텐츠의 색깔을 달리하는 요인이 되어왔다.

경기대 전자출판콘텐츠학과 이상아 석사는 한국 웹툰인 미생과 미국 웹코믹스인 배트맨의 내용을 분석해 동서양 웹 만화에 나타난 문화적 차이를 연구했다. 미생은 기업에 갓 입사한 신입사원이 조직 내 부조리에 저항하는 방식을 배워 나가는 내용이고, 배트맨은 부패한 도시 고담시의 악당 조커에 맞선 영웅 배트맨이 도시와 사람들을 지켜내는 내용으로 구성되었다. 주인공인 미생과 배트맨은 모두 당면한 부조리에 대해 고민하는 캐릭터이다. 주인공이 고민하는 과정을 보면 미생에서는 집단이나 가족의 표현이 많이 등장했고, 배트맨과 비교했을 때 개인의 만족이나 이익, 개성을 강조하는 표현이 드문 것으로 분석되었다. 또 미생의 등장인물들은 상황을 보다 종합적으로 사고하는 동양인의 특성을 보인 반면, 배트맨에는 분석적 사고를 하는 서양인의 특성이 담겨 있다는 것이 이상아의 분석 결론이다.

동서양 만화의 차이를 분석한 또 다른 연구에서도 동양과 서양 작품의 구별점이 대체로 드러나곤 한다. 동양 만화는 대사보다 등장인물의 표정, 대인관계와 다양한 캐릭터를 전면에 내세워 스토리를 풀어간다. 서양 만화는 이에 비해 선악을 확실히 대립시킨 뒤 수많은 말풍선을 통해 만화를 표현한다고 한다.

이에 앞서 '뉴욕타임스'와 '조선일보'의 1면 사진을 비교한 김영수(2004) 연구를 보면 미디어 콘텐츠에서도 동서양 간 구별이 나타난다. 조선일보 사진들은 집단, 사회현상 전반을 촬영한 경우가 많았지만, 뉴욕타임스는 행위자 개인에 초점을 맞추는 경향이 짙었다. 즉 조선일보 1면 사진은 사건이 발생한 맥락을 전하려는 의도를 지녔다면, 뉴욕타임스는 행위자라는 인물에 초점을 맞추는 경향이 있었다. 미디어의 이와 같은 태도는 수용자인 독자에 맞춘 정보제공이라는 점에서 동서양 콘텐츠에서 드러나는 차별점들은 무역 교류가 활발한 현대에 와서도 동서양 간 사고방식의 차이가 여전함을 드러내는 지표로 볼 수 있다.

## 3. 한국인과 외국인(동양)의 사고방식의 차이와 극복방안

그렇다면 쌀농사를 짓고 밥을 주식으로 삼은 동아시아 지역 국가의 국민들 간에는 비슷한 사고방식이 통용될까? 서양인의 눈으로 볼 때는 그렇다고 할 수 있겠지만, 동아시아 3국인 한중일 국민들은 서로의 차이점을 매우 민감하게 찾아낸다. 지리적으로 가까운 3국이기에 교류 기간이 오래된 데다, 3국 모두 맥락을 중시하는 소통방식을 지니고 있으니 상대의 차이점에 보다 예민하게 반응하는 측면이 있을 수도 있다.

지형에 따라 중국은 대륙으로, 일본은 섬나라로 칭한다면 한국은 반도다. 대륙과 해양의 특성을 고루 갖춘 한국은 '고요한 아침의 나라'라는 정적인 별칭과 '다이나믹 코리아'라는 동적인 캐치프레이즈가 동시에 붙는 나라가 되었다.

대륙적 기질과 해양적 기질을 두루 갖춘 한국인들은 공동체를 선택하기 위해 공통점을 찾아낸다. 같은 고향, 같은 학교, 같은 직장 출신이라는 연고가 있는 관계는 공적인 관계보다 더 깊게 맺어져 왔다. 회사와 가족은 성격이 전혀 다른 조직임에도 '가족 같은 회사'를 내세워 신입사원을 선발하는 맥락이 여기에서 비롯되었다.

한국의 연고주의가 부정부패를 야기시킬 수 있는 위험요인으로 규정되는 경우가 늘어나면서 연줄을 강조하는 태도는 예전에 비해 줄어든 모습이다. 이름, 고향, 학벌, 가족관계 등을 모두 보지 않고 신입사원을 선발하는 '블라인드 채용'과 같은 제도적 장치를 시행하며 연고주의로 누군가에게 특혜를 주는 것이 올바르지 않은 행동이라는 인식도 쌓였다. 그럼에도 여전히 한국의 회사에서는 취미, 좋아하는 스포츠 등 공통분모를 찾아 그것을 새로운 연줄의 기회로 삼는 경우도 많다. 공통적인 요소가 있어야 내집단이 되고, 내집단이 되면 신뢰할 수 있다는 인식이 작동하고 있는 것이다.

서로의 연줄이 될 공통적인 요소를 공유하지 못한 단계에서 한국인은 '공손 전략'을 취한다. 예의바르고 겸손하게 행동하며 상대의 취향과 특성을 파악하는 단계를 갖는 것이다. 낯선 사람과 엘리베이터나 길에서 마주쳤을 때 가벼운 인사를 나누는 방식의 '스몰 토크'가 한국에서 유독 발달하지 않는 이유로 '공손 전략'이 꼽히기도 한다. 내집단에 들기까지 상대의 심기를 거스르는 행동을 최대한 자제한 채 공손한 태도를 유지하는 일이 필수적인데, 공손한 태도에는 함부로 말을 먼저 걸지 않는 일과 같은 요소가 포함되어 있다. 결국 요약하자면 한국에서는 불손한 태도를 지닌 채 내집단에 포함될 수 없고, 내집단에 들지 않는다면 공적인 불이익을 볼 수 있다는 점을 염두에 두어야 한다.

한편으로 한국인들은 겉과 속이 다른 태도를 불온한 일로 본다. 제2차 세계

대전 중 일본인의 심리를 파악하기 위해 쓴 인류학 저서인 '국화와 칼'에서는 일본인들이 겉으로 표현하는 태도인 '다테마에'와 속마음인 '혼네'를 동시에 지니고 있다고 기술했다. 재미있는 지점은 미국 국무부가 내린 일본인에 대한 결론에 대해 대부분의 한국인들 또한 깊은 공감을 표시한다는 점이다.

물론 집단주의 문화 속성을 지닌 한국인들에게도 이중적인 마음이 있다. 다만 이중적인 구분을 짓는 기준선이 어디에 있는지가 다르다. 일본인들이 대외적인 태도와 속마음을 달리하는 이중전략을 취한다면, 한국인들은 자신이 속한 내집단이나 준거집단에 대한 태도와 외부집단에 대한 태도를 달리한다. 낯선 사람에게는 공손하되 자신의 정보를 제공하지 않는 소극적인 태도를 보이는 반면 내집단에게는 속얘기도 털어놓는 솔직한 태도를 취하는 것이다.

한국인은 일본인, 중국인과의 생활방식 차이나 사고방식 차이를 이처럼 구별해 내지만 서양인의 눈으로 봤을 때 차이는 크지 않다. 서양인의 관점에서 중국인과 한국인은 모두 가족을 위해 개인의 희생을 감수하는 '가족형 인간'일 뿐이고, 일본인과 한국인은 모두 회사의 지시에 반기를 들려 하지 않는 '회사형 인간'으로 보일 가능성이 높다.

## 4. 한국인의 의식주 문화

조선시대 한국인은 '백의 민족'이라고 불렸다. 흰색 옷을 즐겨 입는다는 뜻이다. 이것은 옛 이야기다. 한국인은 서양식 복제를 따르고 있으며, 한복은 자녀 결혼식이 있을 때에나 입는 옷이 되었다. 그렇기 때문에 최근 한국인의 옷에서 주목받는 지점은 기능이다. 한복이야말로 여유와 융통성, 다의성을 나타내는 의복이기 때문이다. 한복을 펼치면 바닥에 펼쳐진다. 평면으로 된 옷이기 때문이다. 그러나 사람 몸에 걸치면 입체가 된다. 애초에 재단을 입체적으로 한 서양 옷과 다르게 한복은 입을 때가 되어서야 입체성이 나타나게 된다.

이보다 더 극적인 변화를 보여주는 소품이 보자기이다. 쫙 펼치면 역시 평면의 사각천일 뿐인데 물건을 넣고 싸서 동여매면 입체적인 형태가 된다. 한복이나 보자기나 사용자가 짓는 끝마무리에 따라 여유있는 맵시를 드러내고, 융통성 있는 쓰임새를 보여주며, 다양한 방식으로 응용할 수 있는 복제다.

의식주에서 식과 주를 보더라도 여유와 융통성, 다의성은 한국을 드러내는 문화 코드가 된다. 정확한 레서피가 있는 서양식과 달리 한식은 만드는 사람의 가늠에 따라 맛의 변주가 일어난다. 이른바 '손맛의 변주'가 일어난다. 아예 인간의 손을 떠나 미생물에게 맛을 맡기는 음식도 있는데, 바로 발효식품이다. 한국의 대표 음식으로 꼽히는 김치와 된장·간장·고추장과 같은 장류를 말한다. 발효음식은 음식을 만든 다음에 숙성시키는 방식으로 만드는데, 이 과정에서 미생물이 작용해 애초의 맛을 바꾼다. 만드는 사람의 의도와 관계없는 음식들이 탄생하는 셈인데도, 한국인들은 김치에 큰 애착을 보인다. 각종 전염병이 유행할 때에는 김치가 해당 전염병을 이길 만큼 면역력을 키우는 데 도움이 되는지를 보는 연구가 이뤄진다.

한옥 역시 문을 어떻게 개방하느냐에 따라서 여름에는 바람이 통하는 집으로, 겨울에는 온돌의 열기를 가둬두는 집으로 변신한다. 한옥은 온돌과 마루가 혼재된 양식이다. 온돌은 방을 따뜻하게 데워 대류 방식으로 방 안 온도를 따뜻하게 만드는 난방 방식이다. 마루는 나무로 된 바닥을 넓게 만들어 더울 때 바람이 잘 통하도록 설계된 집 구조다. 한옥에는 이 둘이 모두 있는데, 추울 때는 방문을 닫아 온돌의 성능을 최대화한다. 더울 때는 방문을 모두 열어 마루에서 식힌 바람이 방 안으로 들어오도록 한다. 이런 가옥 형태는 여름과 겨울이 모두 있는 한국의 기후 때문에 적응하는 과정인 동시에 한국인 특유의 융통성을 드러내는 모습이기도 하다.

CHAPTER

# 06

# Working with Koeans 4

## : 한국인과 일할 때 주의해야 할 사항

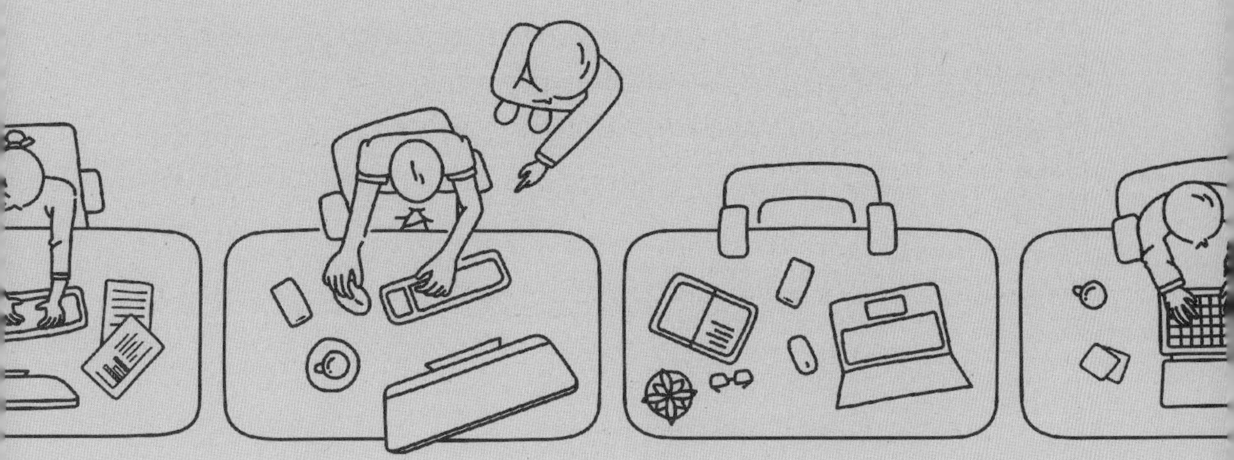

한국인과 일을 할 때 문화적 차이를 인식하는 것이 무엇보다도 중요할 것이다. 또한, 상호 존중을 바탕으로 활발한 의사소통으로 협업을 이룬다면 성공적인 한국인과의 일하기가 될 것이다.

한국인도 글로벌 환경에서 외국인과 함께 일을 하는 사례가 많아지면서 다양성에 대한 수용도와 개방감이 넓어진 상황이긴 하지만, 문화적 차이라는 측면에서 조심하면 좋을 사항을 몇 가지 소개하고자 한다.

① **존경과 예의:** 한국 문화에서는 나이, 지위 및 경력을 중요시하며, 어린 사람이나 상급자에 대한 존경과 예의를 지켜야 한다. 계층 구조와 위계를 중요하게 생각한다. 상사나 선배의 의견과 지시에 따르는 것이 좋고, 경력과 나이가 많은 사람에게는 더 많은 존경과 경의를 표현하는 것이 중요하다.

② **팀플레이:** 한국에서는 팀플레이가 중요하다. 협력과 공동 작업을 잘하는 것이 중요하며, 개인의 성과만큼 팀의 성과도 한국에서는 중요하게 여긴다.

③ **직장 문화 이해:** 한국의 직장 문화는 다른 나라와 다를 수 있다. 52시간 근로제 및 유연한 조직 문화가 정착되고 있지만, 여전히 긴 근무 시간, 사회적 모임 및 회식 등이 일상적인 것으로 여겨질 수 있는 곳이 있으니 이를 이해하고 적응하려는 노력이 필요하다.

④ **비즈니스 마인드셋:** 한국에서의 비즈니스 환경은 공식적이고 조심스러운 편이다. 회의나 업무 관련 행사에 참석할 때는 적절한 복장을 선택하고, 명함을 교환하는 것이 중요하다.

⑤ **절차와 규칙 준수:** 한국에서는 절차와 규칙을 엄격하게 준수하는 것이 중요하다. 규정을 어기지 않고 정해진 절차를 따르는 것이 좋다.

⑥ **언어:** 한국어를 배우는 것은 대화를 원활하게 하고 소통을 개선하는 데 도움이 된다. 적어도 기본적인 한국어 인사 및 표현을 알고 있으면 유용

할 것이다.

한국어를 잘 모르는 경우, 번역 도움을 받거나 한국인 동료에게 도움을 청하는 것도 좋다. 또한, 명확하고 직접적인 소통을 위해 노력하는 것도 중요하다.

⑦ **문화 감수성:** 한국 문화에 대한 이해와 감수성을 갖도록 노력하고, 한국의 문화, 풍습, 특별한 행사 등에 참여하면서 다양한 경험을 쌓는 것도 필요하다. 한국 문화와 관습에 대한 이해는 원활한 대인관계 구축에 도움이 될 것이다.

⑧ **감정 표현:** 한국인은 종종 감정을 내면에 숨기는 경향이 있을 수 있다. 다른 사람의 감정을 존중하고 이해하려 노력하면서, 자신의 감정을 표현하는 방법을 배울 수 있다.

이러한 사항을 인지하면 한국인과의 업무나 협력 관계를 더 원활하게 유지할 수 있을 것이다. 그러나 개인 간의 차이와 유연성도 중요하며, 상황에 맞게 적절하게 대응하면서 존중과 협력을 추구해야 한다.

## 1. 한국인의 조직문화

한국 기업은 기업주를 포함한 몇몇의 핵심인물을 중심으로 집권적 조직 구조와 체계화된 직무 구조 그리고 상하 간의 권위적 권한 관계와 연공과 화합 중심의 인사관리가 특징이라고 할 수 있다. 이러한 한국 기업의 특징은 우리나라의 유교 문화와 가족 제도로부터 영향을 많이 받았다고 볼 수 있다. 따라서, 이러한 전통적 특징은 한국 기업의 기업주 중심의 집권적 경향과 일방적 의사소통, 연공 위주의 인사 행정, 연장자와 상급자에 대한 복종, 그리고 화합 지향적 리더십 행동을 설명해 주는 문화적 요소이다.

1960년대 이후의 경제 발전과 국제화는 한국 기업의 급속한 성장을 가져왔으나, 재벌 기업 중심의 자본 집중과 집권적 경영은 아직도 계속되고 있다. 한국 기업의 경영은 소유권과 매우 밀접한 관계가 있고, 소유권은 사회경제적 환경의 영향을 많이 받고 있다. 한국 기업은 비약적인 성장과 발전을 해오면서 조직 구조와 경영에도 많은 변화가 있었을 것으로 예상한다.

한국식 조직 문화는 '정'과 '의리'라는 키워드로 개인이 조직내에서 안정을 느끼고 큰 소속감과 보람을 느낄 수 있다는 특징도 있다. 오히려 이러한 조직 문화를 잘 알고 존중하는 것이 한국 회사에서 일하거나 한국의 회사와 비즈니스 관계를 맺을 때 더욱 쉽게 라포를 형성하고 좋은 결과를 만들어 내는 일로 이어질 수 있다.

한국식 조직 문화의 장단점을 알아보자.

### (1) 장점

명확한 지시와 역할 분담으로 업무 효율성을 높일 수 있다.

비언어적 수단을 이용한 의사소통이 원활하게 이어진다면, 구성원 간의 결속력과 의사 결정의 효율성을 높일 수 있다. 상호 존중을 바탕으로 공동체적 가치를 중시하는 조직 문화 내에서는 조직 내 갈등 및 분쟁 해결이 원활할 수 있다.

### (2) 단점

경직된 상하 관계에서는 의견 충돌 및 차이점이 생기는 경우 원만한 해결이 어려울 수 있고, 상호 존중이 부족한 경우 업무 방해가 일어날 수 있다.

비언어적 커뮤니케이션 능력이 떨어지는 구성원이 업무 수행 능력과 관계없이 소외될 수 있다. 또한, 조직외/국외 등 다양한 문화와의 교류에서 불이익을 받을 가능성이 존재한다. 공동체적 가치를 중시하는 집단에서는 개인의 자율성이 제한될 수 있으며, 다양한 시각과 아이디어를 수용하지 못해 조직의 혁신성과 창의성이 저하될 가능성이 있다. 업무와 관련 없는 사모임과 회식이 잦은 경우, 개인의 시간적 자유에 부담을 줄 수 있고 구성원의 체력과 사기 저하, 업무 효율성 저하로 나타난 조직 문화 사례가 있다.

한국에서의 조직 문화는 다른 나라와 비교했을 때 특별한 특징을 가지고 있다. 이러한 특징은 다음과 같다.

### 1) 계층 구조와 위계

한국에서는 조직 내에서 명확한 계층 구조와 위계가 중요하게 강조된다. 상사와 부하 간의 역할과 권한은 명확하게 구분되며, 상사의 지시나 결정에 따르는 것이 기본적인 원칙이다. 예를 들어, 대기업에서는 CEO부터 하위 직원까지 각자의 역할과 책임이 명확히 정해져 있다. 리더 위주의 업무 체계 피라미드 형식으로 업무가 처리된다. 위에서 업무가 지시되면 말단이 작업을 시작하고 윗단계로 결과물이 올라가 보고된다.

가장 큰 장점은 속도전에 매우 적합하다는 것이다. 사원이 올리면 중간 관리자가 확인하고 다시 선임 관리자를 거쳐 경영진으로 올라간다.

지시가 잘못되었을 경우 산으로 갈 수 있기 때문에 상위 직급에서 자세하게 지시를 한다.

### 2) 인상 관리

한국의 조직 문화에서는 이미지와 인상 관리가 중요하다. 개인의 외모, 언행, 말투 등이 조직 내에서 평가 대상이 될 수 있으며, 적절한 이미지를 유지하는 것이 중요하다.

### 3) 회사 문화와 사회적 활동

많은 한국의 기업들은 회사내 사회적 활동을 적극적으로 추구하며, 회사내에서 다양한 행사와 팀빌딩 활동을 개최한다. 이러한 행사는 조직 내의 관계를 강화하고 업무 환경을 개선하기 위한 목적으로 자주 진행된다.

### 4) 근무 시간과 노동문화

한국에서는 근무 시간이 길고, 노동 문화가 집중적이다. 지각이나 조기 퇴근은 부정적으로 평가될 수 있으며, 긴 근무 시간을 투자하여 성과를 내는 것이 중요하다고 여겨진다. 상위 직급은 업무의 책임을 지는 역할을 하며 아래 직급을 감독하고 업무 결과물을 정리하는 역할을 한다. 상위 직급일수록 정시 출퇴근 시간에 가깝고 아래 직급일수록 정시 출퇴근과 거리가 먼 편이다. 한국은 조직이 잘되어야 나도 잘되는 길이라는 신념으로 잦은 야근과 주말 등의 출근으로 Work & Life Balance가 잘 안 되는 경향이 있다. 그래서 빠른 속도로 업무 처리가 가능해진다. 다른 나라에서 몇 개월 걸릴 일이 한국에서는 1달도 안 걸려 가능할 수 있다.

한국에서도 최근에는 보상과 분배의 이슈가 지속적으로 발생하여 한국 내에서도 문제가 되고 있다.

### 5) 회식 문화

사회 환경의 변화로 인해 회식 문화가 한국에서도 매우 희미해진 것이 사실이지만, 그럼에도 불구하고 다른 나라에 비해 한국에서는 회식이 조직 문화의 한 부분이기도 하다. 회사 동료들과 외식하면서 팀원들과의 관계를 더욱 강화하고, 상사와 부하간의 대화의 기회를 제공한다. 회식은 종종 술을 마시며 진행되지만, 술을 마시지 않은 사람들을 위한 대안도 제공되고 있다. 회식의 형태가 아니라도, 직원간의 관계를 강화하고 업무 환경을 개선하고자 하는 목적으로 체육 대회 등의 다양한 활동을 조직 구성원이 함께하는 행사 및 팀빌딩 활동으로 개최하기도 한다.

이러한 특징들은 한국에서의 조직 문화를 이해하고 적응하는 데 도움이 될 수 있다.

한국 기업에서 일하고 있는 외국인들이 얘기하는 한국 기업의 조직 문화에 대한 내용을 매일 경제의 보도 내용(매일 경제, 이유섭 기자, 2021년 7월 21일자)을 바탕으로 알아보면 다음과 같다.

한국 기업에서 근무하는 외국인 직원들이 공통적으로 꼽은 좋은 직장 문화는 단합력이었다. 한국에 온 지 9년째인 A씨(러시아)는 공공기관에서 일하다 지금은 외국계 무역회사에서 근무 중이다. A씨는 "모두가 한 팀이 되어 목표를 이루려는 모습을 볼 때마다 인상적"이라고 말했다. 같은 동료라도 서로를 잠재적 경쟁자로 인식하는 외국 직장 문화와의 차이를 언급한 것이다. 그는 "코로나19 이전에는 많은 외국인 직장인들이 한국의 회식 문화를 대표적인 장점으로 언급하곤 했다"며 "같이 저녁 먹고 술을 마시면서 서로를 격려해 주고 상사 욕을 하면서 스트레스 푸는 자리를 갖는 건 외국에선 찾아보기 힘든 모습"이라고 설명했다. 하지만 적지 않은 외국인 직원들이 '원팀'을 강조하다 보니 '개인'의 성과가 드러나지 않는 게 한국 회사의 단점이라고 입을 모았다. 한국의 한 제조업체에서 해외 마케팅·영업을 담당하는 B씨(호주)는 "개인이 단체에 가려지면서 개인의 성장 기회가 제한되는 모습을 자주 목격한다"며 "특히 전체의 생각과 다를 경우 개인이 아이디어를 내는 건 한국 회사에서는 사실상 불가능한 일"이라고 꼬집었다.

많은 외국인 직원들이 한국 회사의 불필요한 야근 문화와 부족한 일·생활 균형에 고개를 저었다. 국내 한 IT기업에서 해외 세일즈 업무를 맡고 있는 C씨(독일)는 한국에 온 지 5년째다. C씨는 "제조업체뿐만 아니라 IT 기업에 근무하는 젊은 직원들마저 '일하는 티를 내려면 회사에 오래 머물러야 한다'고 말한다"며 "효율적 업무에는 관심이 없다. 야근을 하더라도 회사가 아무런 보상을 해주지 않는데도 남아 있는 걸 보면 신기하다"고 했다. 철강회사에 다니는 한국 거주 7년 차 D씨(인도)는 "관리자들은 실무 직원이 일을 빨리 끝내려 하면 '그러다간 우리 일자리가 사라진다'고 말하곤 한다"면서 "대부분의 시간을 메신저를 하거나 영화를 보며 시간을 보내면서, 왜 굳이 회사에 남아 있으려 하는지 모르겠다"고 토로했다. D씨는 "일하다 보면 기분 전환을 할 수 있는 유일한 시간이 점심시간인데, 그 시간에도 단체로 밥을 먹는 건 외국인 입장에선 이해하기 힘든 부분"이라며 "점심 먹으면서 일 이야기를 하면 업무의 연장 같은 기분인데, 한국 직원은 점심 때도 '원팀'을 강조하는 것 같다"고 의문을 표했다.

성과 보상체계와 관련해서도 이해하기 힘들다는 반응이 많았다. 모바일게임 회사에서 5년째 근무 중인 E씨(미국)는 게임 언어 번역 및 기타 영어 관련 업무를 모두 맡고 있다. E씨는 "나를 포함한 어떤 동료도 추가 업무에 대한 보상을 받아본 적이 없는 것 같다"며

"임금은 근무 기간에 연동해 1년에 한 번 인상될 뿐이다. 정말 일할 의욕이 사라진다"고 지적했다. 그러면서 그는 "기성세대 임원급들이 '해보기나 했어?'라며 실무 직원들을 야단치는 것을 보면 황당할 때가 많다"고 덧붙였다.

그 밖에 윗사람만 이야기하고 아랫사람은 침묵하는 회의 분위기, 업무 중 실수해도 이를 최대한 숨기려는 경향 등이 외국인들이 꼽은 한국 직장 문화에서 개선해야 할 부분이었다. 게임사 직원 E씨는 "한국 회사에서 일하다 보니 나까지 덩달아 소극적으로 되어가는 모습"이라고 고백하기도 했다.

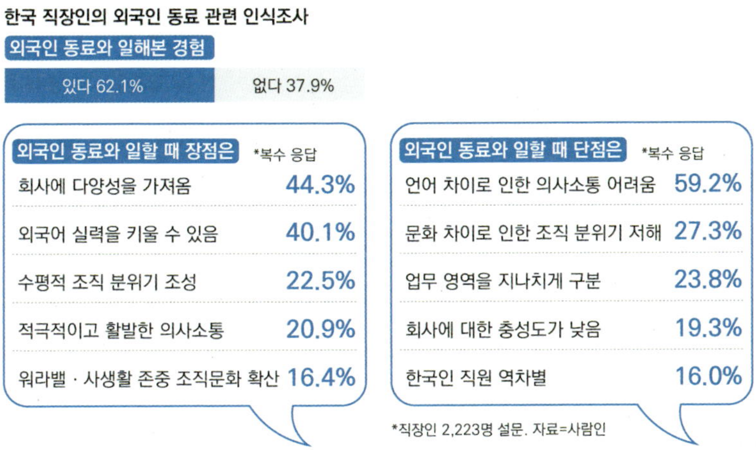


외국계 무역회사에서 근무하는 A씨는 "여러 외국어를 할 줄 알면 한국에서 직업을 구하는 데 도움이 되는 게 사실"이라면서도 "하지만 보다 전문적인 커리어 관리를 하거나, 임원급 등 고위직까지 올라가는 데는 한계가 있다"고 말했다. C씨(독일)는 "한국 직장에만 존재하는 일종의 암묵적인 법칙이 내겐 적용이 안 되고, 내가 소수 의견을 낼 땐 전체 의견과 다르더라도 꾸지람을 듣지 않다"고 말했다. 그러면서도 그는 "한국어를 능숙하게 구사하지 못하는 내게 1차적인 책임이 있겠지만, 능력과 상관없이 주요 업무에서 배제되는 경우가 많다. 기회의 평등이 이뤄지지 않는 것"이라고 하소연했다. 문화 차이를 이해하려 하지 않고 무조건 '외국인 직원은 일을 열심히 안 한다'고 생각하는 이들도 적지 않다고 했다. 임금 수준에 대한 불만을 이야기하는 이들도 있었다. 게임회사 직원 E씨는 "많은 외국인 회사원 인력이 '영어로만 업무를 할 수 있는 회사였다면, 연봉을 지금보다 1.5배는 더 받을 수 있을 것'이라는 말을 한다"며 "특혜 받는 부분도 분명히 있지만, 믿음을 못 받고 있다는 느낌도 종종 받는다. 최소한 기회 정도는 공평하게 주어졌으면 좋겠다"고 밝혔다.

한국 회사에서 만난 우리나라 MZ세대 직장인에 대한 생각도 들을 수 있었다. D씨(인도)는 "새로운 일하는 방식을 계속 시도하고, 일·생활 균형의 중요성을 안다는 점에서 조직 문화에 긍정적인 영향을 미치고 있다"고 평가했다. B씨(호주)는 "영어로 의사소통하는 데 있어 주저함이 없고, 영어 닉네임을 쓰는 등 기성세대보다 열린 사고를 한다는 인상을 많이 받았다"면서 "궁극적으로는 이들이 한국 기업의 글로벌화를 이끌게 될 것이라고 생각한다"고 전망했다. 한 플랫폼 기업에 근무 중인 F씨(영국)는 "열린 사고를 가졌다는 IT 업계에서조차 직원의 경험이나 잠재력보단 나이를 따지는 걸 보고 놀랐다"며 "한국에선 MZ세대 의견이 진지하게 받아들여지지 않고 있다"고 지적했다. 그러면서 그는 "기성세대에 대한 올바른 태도와 예의가 한국의 전통적 가치임을 존중하지만, MZ세대 직원들에게도 회사 경영 등에 참여할 기회를 줘야 한다. 해외에선 20대 후반이면 경험 많은 젊은 전문가로 인정받는 나이"라고 강조했다.

우리나라 직장인 10명 중 6명은 외국인 동료와 일해 본 경험이 있는 것으로 나타났다. 회사에 다양성을 가져오고, 업무를 하면서 외국어 실력도 함께 쌓을 수 있다는 게 외국인 동료가 있어 생기는 장점으로 꼽혔다. 반면 언어 장벽에 따른 의사소통의 어려움, 문화적 차이로 인해 조직 분위기가 흐려질 수 있다는 것은 단점이라고 했다.

외국인과 일할 때 장점으로는 다양성과 외국어 외에 '수평적 조직 분위기를 만드는 데 도움이 된다'와 '적극적이고 활발한 의사소통이 가능하다'는 의견이 다소 있었다. 한 직장인은 "외국 기업과 협업할 때 언어·문화적인 부분에서 큰 도움이 된다"며 "소통을 통해 다른 나라와 기업 문화를 이해할 기회가 생기는 것도 좋다"고 말했다.

단점으로는 의사소통과 조직 분위기 저해 외에도 '개인주의가 강해 업무상 영역을 철저히 구분한다'와 '회사에 대한 충성도가 낮다'는 점이 꼽혔다. 한국인 직원이 역차별당한다는 지적도 나왔다. 한 설문 응답자는 "우리나라 문화에 대한 이해 없이, 본인 사정만 강조하는 경향이 있다"고 토로했다.

매일 경제, 이유섭 기자, 2021년 7월 21일자

## 2. 한국인의 직장 예절

한국에서 직장 예절은 중요하게 강조되며, 다른 사람과 원활한 협업 및 존중을 표현하기 위해 지켜야 할 규칙과 행동이 있다. 다음은 일반적인 직장 예절에 대한 몇 가지 가이드라인과 관련된 사례이다.

한국의 문화는 교육, 권위, 나이에 대한 존중을 강조하는 유교 문화가 많이 남아 있다. 현대 한국인들은 이전 세대만큼 유교 원칙을 엄격하게 고수하지는 않지만 이러한 원칙은 계속해서 많은 관습과 비즈니스 관행을 뒷받침하고 있다.

### (1) 나이와 지위

나이와 지위에 대한 존중은 한국 문화에서 매우 중요하며, 계층 구조는 사회적 상호작용의 모든 측면에 영향을 미친다. 모든 사람은 계층 구조에 따라 사회에서 역할을 가지므로 이를 존중하는 것이 중요하다. 한국인은 동등하다고 생각하는 사람과 대화하는 것이 가장 편하다. 지위는 주로 조직 내에서 누군가의 역할, 어떤 조직에서 근무하는지, 어느 대학을 나왔는지 등에 따라 결정된다.

외국인들은 서로가 마음에 든다고 생각하면 나이와 상관없이 친구가 될 수 있다. 이에 반해 한국에서는 나이가 같은 사람들끼리만 친구가 될 수 있다. 외국인들은 친구들의 나이를 경험이 많은 것으로 인정하고 상황에 따라 그 연장자를 나이 많은 것에 대해 존경을 표할 뿐이어서 친구가 되는 데 나이가 별로 장애가 되지 않는다.

한국의 직장 문화에 있어 연장자보다 더 높은 자리에 올라가는 것은 쉽지 않다. 나이가 적은 사람이 먼저 승진하여 나이 많은 사람들이 이끌어야 하는데, 상명하복의 조직 문화에서 나이 많은 사람들이 잘 따르려고 하지 않기 때문이다. 이에 반해 서양의 문화는 나이와 상관없이 그 직책을 수행하는 능력을 보고 존경을 표하고 따른다.

### (2) 인사와 악수

출근할 때와 퇴근할 때는 상사와 동료에게 인사를 하고 인사말을 교환하며 예의를 표현한다. "안녕하세요"나 "안녕히 가세요"와 같은 인사말이 흔히 사용된다. 모든 상황에서 인사는 중요하다. 한국인들은 선배들에게 인사와 존경의 표시로 절을 한다. 후배는 허리를 수직으로 30~45도 각도로 구부리며 인사한다. 가장 높은 지위에 있는 사람에게 먼저 인사하고, 한국인 무리를 만날 때는 가장 나이 많은 사람에게 인사한다.

### (3) 명함 교환

초기 회의에서 필수적인 부분이다. 이를 통해 한국인은 상대방의 가장 중요한 직위, 직함, 직급을 신속하게 결정할 수 있다. 가만히 서서 두 손으로 명함을 정중하게 건네주고, 명함을 받도록 한다. 단순히 명함을 주머니에 넣지 않도록 주의해야 한다. 대신 이름과 직함을 살펴보는 데 몇 초를 할애하고 앉아서 회의가 진행되는 동안 앞 테이블 위에 올려두는 것이 좋다.

### (4) 한국 이름 및 호칭

한국의 성은 대부분 1음절, 이름은 2음절로 구성되는 경우가 많다. 성이 먼저 나온다. 한국인 상대와 아주 좋은 관계가 될 때까지, 그들에게 직접 이야기하든, 다른 한국인에게 그들에 대해 이야기하든 상관없이 성 앞에 존칭(예: Mr 또는 이름 뒤에 '님')을 사용하는 것이 가장 좋다. 큰 존경심이나 격식을 요구하는 상황에서는 상대방의 공식적인 호칭과 성을 사용해야 한다. 한국에서는 호칭이 아주 중요하며 회사에서 그 호칭을 사용하며 말한다. 한국에서는 그 호칭에 따라 그

신분을 표시하여 사용한다. 따라서 그 나이에 맞지 않은 낮은 호칭을 사용하게 되면, 모멸감을 느끼거나 열등감을 갖게 된다.

### (5) 관계 구축

다른 사람의 의견을 존중하고, 비판할 때도 예의를 갖춰야 한다. 직장에서 공손하고 친절하게 행동하는 것이 중요하다. 관계 구축은 한국에서 비즈니스를 수행하는 데 필수적인 부분이다. 관계는 비공식적인 사교 모임을 통해 발전하며 일반적으로 먹고 마시는 것을 포함한다. 이러한 모임은 또한 양측이 저녁 식사를 포함하여 보다 편안하고 친근한 분위기에서 대화를 나눌 기회가 생긴다.

한국에서는 연령과 경력에 따른 계층 구조가 중요하며, 선배와 후배 간의 상호 작용이 중요하다. 선배에게 경의를 표하고, 선배가 요청하는 도움이나 지시에 따르는 것이 예절에 해당한다.

### (6) 드레스 코드

직장에서는 옷차림과 외모에 신경을 써야 한다. 일반적으로 정장이나 비즈니스 캐주얼 스타일이 흔하며, 정돈된 외모를 유지하는 것이 예절에 해당한다. 외모는 매우 중요하며, 한국 사람들은 다른 나라 사람들보다 더 격식을 차려 옷을 입는 경향이 있다. 비즈니스 복장은 다소 보수적이며 개인의 표현보다는 적합성을 강조한다. 남성용 주얼리는 최소한으로 유지해야 한다. 시계와 결혼반지는 괜찮다.

### (7) 선물 주기

한국에서는 언제나 환영받을 만한 선물을 전달함으로써 관계의 중요성을 표현할 수 있다. 하지만 상대가 그에 상응하는 보답을 할 경제적 여유가 없다는 것을 알고 있다면 누군가에게 값비싼 선물을 주는 것은 사려 깊지 않다. 빨간색 잉크로 카드에 이름을 쓰는 것은 피하는 것이 좋다. 한국인의 집에 초대받으면 과일, 와인, 초콜릿, 꽃 등의 선물 정도면 좋을 듯하다.

### (8) 다이닝

많은 관계 구축은 레스토랑과 바에서 이루어진다. 식사 초대는 항상 수락하는 것이 좋다. 이는 한국인이 당신과의 신뢰도를 평가하고 그들이 당신과의 관계 정도를 판단하는 기회이기 때문이다. 사회적 모임이나 회식에서는 주최자에게 감사의 인사를 표하고 음식을 나눠 먹는 것이 일반적이다. 식사 자리에서 일찍 일어나려 하지 말고 다른 사람들과 대화를 나누려 노력하는 것도 좋다. 술을 마실 때는 주최자나 상사의 안내에 따르며, 주의해서 행동해야 한다.

저녁 식사는 하루 중 가장 큰 식사이며 일반적으로 오후 6시에서 9시 사이에 이루어진다. 다른 나라에서는 배우자에게 만찬 초대를 하는 것이 흔한데, 한국에서는 그렇지 않다. 비즈니스 접대는 직접 관련된 사람들에게만 국한되는 경향이 있다. 주최자가 음식을 주문하는 것이 관례이며, 음식은 모두 동시에 도착한다. 한국 음식은 매우 매울 수 있지만 좀 더 부드러운 요리도 가능하다. 젓가락을 밥그릇에 꽂아 두지 않도록 한다. 주최자가 식사비용을 지불하는 편이지만 가끔 누가 비용을 지불할지에 대해 한국인들은 선의의 논쟁을 벌이기도 한다. 한국인들은 일반적으로 식사하는 동안 음식에 집중하고, 식사가 끝난 후에는 커피나 차를 마시며 대화하는 것을 선호한다. 가장 많이 사용되는 도구는 젓가락이지만(숟가락도 포함), 음식의 종류에 따라 때로는 식사할 때 포크나 칼을 요청할 수도 있다.

### (9) 예약 및 회의

회의나 약속을 할 때는 미리 예약하고 정확한 시간에 도착해야 한다. 시간을 지키지 않는 것은 예의상 문제가 될 수 있다.

예를 들어, 한 회사의 업무중 실무자들이 회의를 할 때 정해진 시간에 모여 회의를 시작하고, 회의 중에는 각자 의견을 공유하고 리더십을 표출하는 과정에서 직장 예절이 나타난다. 또한, 중간에는 팀원들과의 협업을 강조하며 서로의 의견을 존중하는 모습이 나타날 것이다.

## 3. 한국인과 커뮤니케이션

대부분의 사무실에서는 한국어를 기본 언어로 사용한다. 그러나 이는 회사 유형에 따라 다르다. 한국 기업 문화에서 일부 다국적 기업은 한국어, 영어 및 기타 언어를 혼합하여 사용한다.

한국 직장인들이 사무실에서 높임말을 사용하는 모습을 흔히 볼 수 있다. 이는 한국 문화와 언어가 한국의 직장에 어떻게 통합되는지 보여주는 한 예이다. 외국인이 한국인과 효과적으로 커뮤니케이션하는 방법을 정리해 보면 다음과 같다. 무엇보다도 한국의 문화와 사회적 관례를 이해하고 존중하는 것이 중요하다.

### (1) 언어

한국어를 사용하려면 간단한 한국어 인사말과 기본적인 표현을 배워두는 것이 도움이 된다. 물론, 한국어가 능숙하지 않더라도 웃음과 친절한 태도로 대화를 이어가는 것은 필수 사항이다.

기본적인 한국어 문법과 어휘를 익히고, 발음을 연습하라. 한국인들은 외국인이 한국어를 사용하는 것을 높이 평가하며, 노력하는 모습을 인정해 준다.

한국인 친구와 자주 대화하면서 언어 실력을 향상시키고 한국 문화를 더 잘 이해할 수 있도록 노력하라.

### (2) 인사와 예의

한국 문화에서는 인사와 예의가 중요하다. 처음 만날 때는 경례를 하거나 인사를 드리는 것이 일반적이다. '안녕하세요'라는 인사말을 사용하고, 상대방에게 공손하게 대하라.

### (3) 이름

한국에서는 상대방의 이름을 사용하는 것이 중요하다. 성을 먼저 말하고 이름을 따라 말하거나, 이름과 직급을 함께 부르면 자연스럽다.

### (4) 표정과 태도(손짓과 몸짓)

무례한 손짓이나 몸짓을 피하고, 다른 사람을 가리키거나 손으로 무언가를 가리키는 것을 자제하라. 고개를 숙이는 것은 공손한 표현으로 여겨지지만, 고개를 높이 드는 것은 주의하라. 웃음과 긍정적인 태도는 대화를 즐겁게 만들고 상대방과의 관계를 개선할 수 있다. 경박한 상황에 대해서도 웃을 수 있는 유머 감각은 도움이 된다. 한국인들은 감정 표현을 주의 깊게 다루며, 공개적으로 감정을 드러내는 것을 좋아하지 않을 때가 있다. 눈치를 살피고, 상대방이 편안한 상태에서 감정을 나누도록 노력하라.

한국 문화는 상대방이 어떤 것을 줄 때 2~3번 정도 거절한 후 받는 것이 공손한 것이다. 서양 문화에서는 '감사합니다'를 많이 사용하는 편이지만, 한국에서는 친구들 사이, 배우자, 가족 사이에는 감사하다는 표현을 잘 하지 않는다.

일반적으로 한국인들은 당신을 알고 있을 때, 아주 친절하게 대하고 도움을 준다. 그러나 만약 당신을 모르고 있는 경우에는 당신이 존재하지 않는 것 같이 당신의 존재를 무시한다. 모르는 사람에게는 호의적이거나 우호적이지 않은 편이다. 진심으로 칭찬하거나 존경심을 표하거나 자존감을 높이는 일을 하는 것이 더 좋다.

### (5) 명함 교환

업무나 사회적 자리에서 명함 교환은 중요하다. 명함을 양손으로 건네주고, 받을 때는 공손하게 받도록 한다. 받은 명함을 당장 주머니에 넣지 말고, 상대방의 명함을 존중하는 마음가짐으로 다루어야 한다.

### (6) 질문과 대화

물어보는 질문이나 주제에 대한 대화는 경계를 넘어가지 않는 선에서 하라. 일반적인 대화 주제로는 날씨, 음식, 여행, 취미 등을 선택하는 것이 좋다.

한국인과 대화할 때 조심해야 하는 몇 가지 중요한 점이 있다. 이러한 사항을 염두에 두고 대화를 진행하면 문제나 혼란을 방지하고 좋은 인상을 남길 수 있다.

한국에서는 정치 및 종교에 대한 주제는 종종 민감한 주제로 여겨진다. 이러한 주제를 피하거나 주제가 나오더라도 중립적으로 대화를 진행하는 것이 좋다.

타인의 개인 정보나 가족에 대한 질문은 피하는 것이 좋다. 그러면 존중과 프라이버시를 중시하는 태도로 해석될 수 있다.

나이에 대한 질문이나 언급은 주의해야 한다. 나이 차이에 따라 예의를 갖추는 것이 중요하므로, 무분별한 언급은 불쾌감을 줄 수 있다. 나이나 사회적 지위에 따라 예의를 갖추는 것이 중요하며, 좀 더 친밀한 관계가 형성되면 자연스럽게 어투를 바꿀 수 있다. 상대방에게 관심을 표현하고 질문을 하고, 상대방의 의견을 존중하고 듣는 것이 중요하다. 표현이 모호하지 않도록 노력하고, 명확하게 의사를 전달하고 이해하도록 노력하는 것이 필요하다.

무례한 언어, 비속어, 혐오 발언은 절대로 사용하지 말아야 한다. 이는 상대방에게 불쾌함을 줄 수 있으며, 사회적 관례에 어긋난다.

대화중에는 항상 상대방의 반응을 주의 깊게 지켜보고, 상황에 따라 대화 스타일을 조절해야 한다. 대화는 연습과 경험을 통해 개선할 수 있다. 적극적으로 대화를 시도하고, 실수를 두려워하지 말고 발전하는 노력을 기울이면 한국인과의 대화 스킬을 향상시킬 수 있을 것이다.

### (7) 문화 이해

한국 문화와 관례를 이해하는 것이 중요하다. 한국인들은 자신들의 문화에 대한 존중을 높이 평가하며, 예의를 지키는 것이 중요하다고 생각한다. 한국의 문화 이벤트나 활동에 참여하여 더 많은 한국인과 친구를 만날 기회를 찾으면, 새로운 사람들과의 대화 기회가 많이 열릴 것이다.

### (8) 시간 관리

약속 시간을 지키고, 늦지 않도록 노력하라. 한국에서는 정확한 시간을 중요시하며, 늦음은 예의에 어긋나는 것이다.

이러한 지침을 따르면 한국인과 더 원활하게 소통하고 긍정적인 관계를 구축할 수 있을 것이다. 하지만 개별 상황과 상대방의 성격에 따라 유연하게 대처하는 것이 중요하다.

CHAPTER

# 07

# 에필로그

## : 한국인과 일하기 성공 및 실패 사례

한국은 '문화에 대한 반응의 6단계' 중 3단계 정도(4단계로 업그레이드 중)에 도달해 있다. 이러한 점을 잘 인지한다면 한국인과 일하는 데 도움이 될 수 있을 것이다.

**1. Denial of Difference(문화 차이의 부정)**

→ 순수한 자민족 중심의 단계로 다른 문화의 사람들에게 관심이 전혀 없으며, 문화 차이의 존재도 전혀 고려하지도, 인정하지도 않는다. 사회로부터 철저한 방어벽을 친 상태로 고립되어 있다.

**2. Defense Against Difference(문화 차이에 대한 방어)**

→ 이질적인 다른 문화와의 차이로 인한 충격으로 문화의 수용을 거부하는 단계다.

**3. Minimization of Difference(문화 차이의 최소화)**

**→ 다른 문화와의 차이를 인식하고 이에 대해 부정적인 평가도 하지 않는, 보다 높은 단계이다. 그러나 문화 차이에서 다른 문화와 관련된 비슷한 부분만을 찾아서 구체적으로 비교해 보려고 한다.**

**4. Acceptance of Difference(문화 차이의 수용)**

→ 문화적 차이를 인정하고 수용하는 단계로 직접 실천하려고 노력한다.

**5. Adaptation of Difference(문화 차이의 적응)**

→ 문화적 차이가 더 이상 위협으로 느껴지지 않으며, 문화 차이를 통하여 보다 효율적인 의사소통의 기술을 개발하는 데 주된 관심을 쏟는다. 문화적 차이의 개념이 성립되어 있어, 이를 바탕으로 다른 문화권에 적응하고, 의사소통할 수 있는 단계다.

**6. Integration of Difference(문화 차이의 통합)**

→ 문화적 한계 속에서 자신이 속한 문화와 공통점이 없는 문화일지라도 통합하려고 시도하는 시기이다. 국제화된 시각으로 세계를 보고 그 속에서 편안함을 느끼는 단계다.

3단계인 한국의 이문화 반응 수준에 비하면, 실제로 한국에서 살고 있는 외국인의 한국생활 만족도는 전반적으로 높은 것으로 나왔다. 남녀 합계 기준으로 80%가 만족한다고 답했다.

생활 분야별로 보면 주변 사람과의 관계에서 느끼는 만족도가 높은 것으로 나타났다. 주변 사람과의 관계에서 만족한다고 답한 외국인이 89%에 달했다. 주거 환경에 대한 만족도도 79%에 달했지만, 다만 소득에 대한 만족 비율은 53%로 상대적으로 낮았다.

외국인이 한국에서 지내면서 어떤 점이 힘들었는지에 대한 뉴스 보도 자료(KBS, 2023년 9월 7일)의 내용을 살펴보면 아래와 같다.

만족도가 높더라도, 타지에서 지내는 게 마냥 쉽지는 않을 것이다. 외국인에게 어떤 점이 어려웠는지도 물어보았다.

그림 7-1 한국생활에서의 어려움

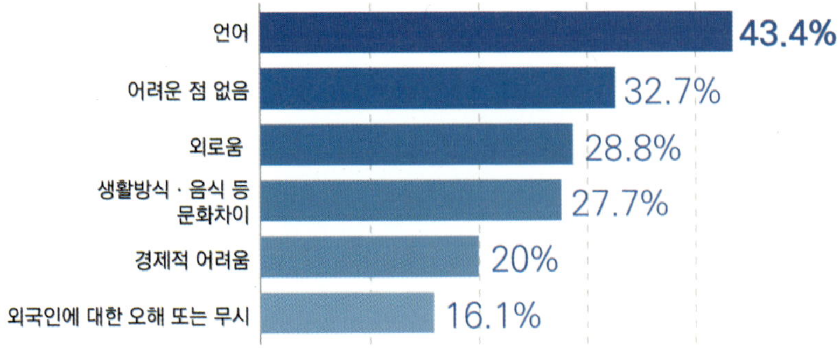


자료: 통계청 2022년 이민자체류실태 및 고용조사/복수응답

남녀 통틀어 언어 문제(43.3%)가 가장 힘든 부분이었다. 그 뒤를 외로움(28.8%)과 생활방식 · 음식 등 문화차이(27.8%)로 나타났다. 경제적 어려움을 겪는 경우도 20%나 됐다. 반면 자녀 양육 및 교육(7.9%)이나 가족 간의 갈등(2.4%) 등에서는 상대적으로 어려움을 덜 느끼는 것으로 나타났다. 어려움이 없다고 답한 경우도 32.7%나 됐다.

다만, 성별에 따라 세부적으로 차이는 있었다. 남성의 경우 외로움(31.9%), 언어 문제(45.8%), 문화 차이(29.8%)에서 여성보다 더 어려움을 겪고 있었다. 여성의 경우에는 자녀 양육 및 교육(12%), 경제적 어려움(21.9%), 외국인에 대한 오해 또는 무시(17.1%) 면에서 어려움을 더 많이 겪는 것으로 분석됐다.

그림 7-2 성별 한국생활에서의 어려움(%)

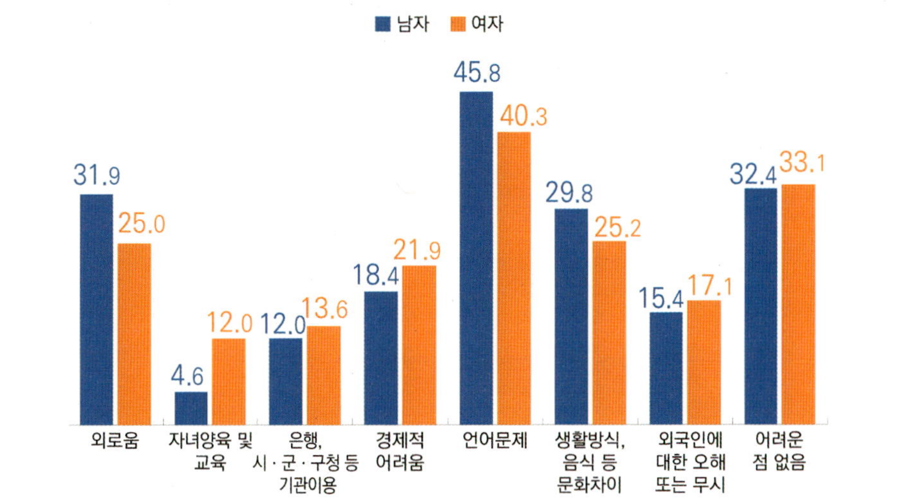


자료: 통계청 2022년 이민자체류실태 및 고용조사/복수응답

차별에 대한 인식은 어떨까? 지난 1년간 체류 외국인 가운데 19.7%, 즉 10명 가운데 2명이 '차별 대우를 받은 경험이 있다'고 답했다.

어떤 점에서 차별을 경험했는지도 중요할 것이다.

가장 큰 원인은 '출신 국가'였는데, 58%의 차별 경험 응답자가 원인으로 꼽았다. 그 다음이 한국어 능력(27.9%), 외모(8.3%)순이었다.

## 그림 7-3 차별 경험

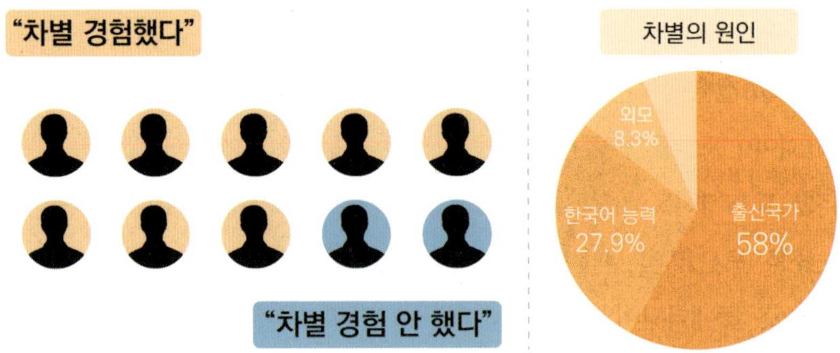


자료: 통계청 2022년 이민자체류실태 및 고용조사/복수응답

## 그림 7-4 차별 받은 정도에 대한 인식(%)

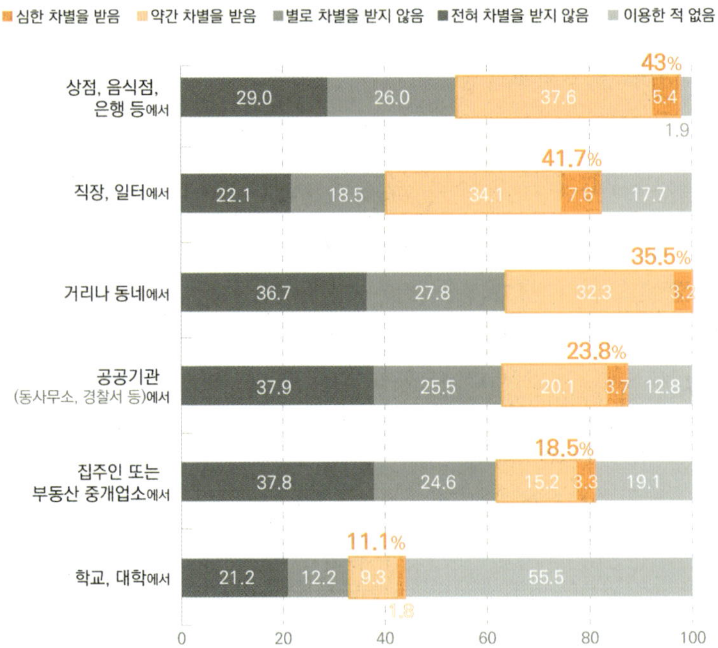


자료: 통계청 2022년 이민자체류실태 및 고용조사/복수응답

외국인은 어떤 장소와 서비스에서 가장 차별받는다고 느꼈는지를 보면, 무려 43%에 달하는 외국인이 '상점 · 음식점 · 은행 등', 서비스를 받는 장소에서 차별을 느꼈다(심한 차별+약간 차별)고 답했는데, 이는 '직장 · 일터(41.7%)'보다도 높았다.

의외의 3위는 바로 '거리나 동네(35.5%)'였다. 인상적인 이유는 다른 장소나 서비스는 이용하지 않을 수 있지만, 거리나 동네는 한국에 산다면 피할 수 없는 곳이라는 점이다. 피할 수 없는 장소에서 차별을 느끼는 경우가 상당하다는 의미이다.

이 밖에는 '공공기관(23.8%)', '집주인 또는 부동산 중개업소(18.5%)'가 그 뒤를 이었다. '학교 · 대학'에서 차별을 느꼈다는 답변은 11.1%로 가장 낮았다.

KBS, 2023년 9월 7일

## 1. 한국인과 일하기 성공 사례 및 요인

S씨(미국)는 한국에서 근무하기로 결정을 한 후, 한국 회사에서 성공적으로 적응한 사례이다. S씨는 한국에 왔을 때 처음에는 한국어를 거의 이해하지 못했지만, 빠르게 언어 능력을 높이기 위해서 노력했다. 한국어 학원에 다니면서 기초부터 고급 수준까지 학습하고, 업무에서 한국어를 더 자주 사용하도록 노력했다. 또한, S씨는 한국 문화와 관행을 이해하려 노력했다. 한국인 동료와 자주 교류하고, 한국의 휴일과 축제를 경험하며 문화적 차이를 존중하고 적응하려 애썼다. S씨는 열린 마음으로 유연성을 가지고 일에 임했고, 새로운 아이디어를 받아들이고 팀원들과 협력하는 데 열정적이었다. 이러한 태도는 팀 내 협력을 강화하고 문제 해결에 도움을 주었다. 미국에서의 경험을 활용하여 국제적인 관점을 제공했다. 이는 회사의 글로벌 전략에 기여하고 국제 시장에서 성과를 거두는 데 도움이 되었다. S씨는 항상 개선과 자기 계발에 주력했다. 업무 역량을 향상시키기 위해서 국내외 교육 및 교육 프로그램에 참여하였고, 회사에서의 성과를 지속적으로 개선하였다. 결과적으로, S씨는 한국 회사에서 성공적으로 적응하고, 그녀의 노력과 열정으로 인해 높은 평가와 승진을 받았다. 그녀의 사례는 외국인이 한국에서 성공적으로 적응하

고 한국 회사에서 성공을 거두는 데 필요한 노력과 열정, 열린 마음, 문화의 이해, 언어 능력의 향상 등의 중요한 요소임을 알려 준다.

P씨(영국)는 한국에 처음 왔을 때 한국어를 거의 알지 못했지만, 열정적으로 한국어를 공부하고 한국 문화에 적응했다. 그는 한국의 음식문화와 음악에 깊은 관심을 가지고 한국 요리를 마스터하고, 그가 좋아하는 분야인 한국 음악 분야에서 활발한 활동을 하고 있다. 그의 이야기는 한국에서의 외국인 적응에 대한 훌륭한 예시로 보여준다.

J씨(미국)는 한국에서 교육 활동에 많은 시간을 투자하며 한국 학교에서 영어 강사로 근무하고 있다. 그녀는 한국 문화와 언어를 존중하며 한국 친구들과 교류하며 풍요로운 한국 생활을 즐기고 있다.

C씨(멕시코)는 한국에서 음식 업종에서 성공을 거둔 외국인 사례 중 하나이다. 그는 멕시코 음식 레스토랑을 한국에 열어 큰 성공을 거두었으며, 한국인들에게 멕시코 음식을 소개하고 지역 사회에 기여하고 있다.

L씨(독일)는 한국의 한 대기업에서 일하며, 한국에 오래 거주하고 있다. L씨는 한국어를 유창하게 구사하며, 한국 문화에 대한 깊은 이해와 존경심을 갖고 있다. 그의 업무 능력과 문화 적응력은 한국 회사에서 뛰어난 성과를 내는 데 도움이 되었으며, 그의 이야기는 외국인들이 한국 회사에서 성공적으로 적응할 수 있는 영감을 주고 있다.

한국의 대기업 C사 바이오 사업부문에 근무하는 T씨(오스트리아, 한국 5년 거주)와 S씨(독일, 8년 거주)는 한국의 영화와 드라마에 관심이 많아지면서 한국에 처음으로 오게 되었는데, 한국의 매력에 빠져서 회사에 취업하게 되었다고 한다. 소속된 회사의 제품을 그들의 나라에 수출도 하게 되면서 가족이나 친구들이 그들이 자랑스럽다고 한다. 회사 생활을 하면서 한국의 여러 곳을 출장 다니면서 좋은 경험을 쌓을 수 있어 매우 좋고, 한국인 회사 선배들도 친절하며 외국인이지만 팀의 일원으로서 인정해 주는 것이 감명 깊었다고 했다. 학교 생활에서의 경험과 달리 회사에서는 직접 일을 통해 선배들에게 업무 피드백을 받고 학습하고 업무 능력이 올라가는 것이 뿌듯하다. 한국의 기업들이 글로벌화를 외치면서 글로벌 마인드셋을 강조하지만, 오히려 외국인을 한국인화하는 문화가 있다. T씨와 S씨에게 한국인이 다 되었다고 칭찬하는 에피소드가 많이 있을 정도이다. 한편으로 한국의 조직 문화 중에는 한국인들이 눈치를 보는 일이 너무 많다고 한다. 후배와 선배가 얘기하는 중에도, 보고 하는 상황에서도 눈치를 보는 일이 늘 바탕에 있는 것 같다. 회사에 입사 동기가 있어서, 일종의 support system이 생긴 것 같아 너무 좋다고 하며, 힘들 때 모르는 것이 있을 때 동기를 찾아 해결할 수 있어 의지가 된다고 했다. 한국 본사(HQ)에서 업무를 배우고 난 후 글로벌로 나아가 역량을 펼치고 싶다고 했다.

그들이 성공적으로 회사에 적응하고 있었던 것은 한국어 능력이 우수하고, 긍정적이고 밝은 마인드와 태도로 한국 문화에 대한 호감도를 가지고 회사 생활을 하다 보니 적응도도 높고, 만족도도 높은 한국의 직장 생활을 하고 있는 것으로 보인다.

또 하나의 사례는, 배터리 분야의 대기업인 S사에 10년 이상 다니고 있는 외국인 회사원의 적응기에 대한 것이다.

S/W개발을 담당하는 S씨(러시아), 연구소에 근무하는 J씨(인도), 분석업무를 담당하는 A씨(우크라이나)가 그분들이다. 그들은 회사의 전폭적인 지원 덕분에 적응에 도움이 많이 되었다고 한다. 한국어 교육 프로그램을 제공해 주어서 한국어를 빨리 배우는 데 도움을 받았고, 회사의 구내식당에서 글로벌한 푸드 서비스를 제공해 주는 점도 좋았다고 한다. 현재는 한국 음식의 매력에 빠져 있다고도 했다. 가족들도 모두 한국에 와서 생활하고 있는데 배우자도 한국에서 일을 찾아서 한국의 생활에 적응하고 있다고 했다. 유연근무제로 인해서 가족이 아플 때, 가족 행사, 아빠로서 배우자로서 해야 할 일을 할 수 있는 점이 너무 좋다고 했다. 한국 기업의 조직 문화는 어떤 점이 다르냐고 물었을 때, 아침에 출근할 때 모두들 조용히 들어와서 일을 시작하는 것이 너무 낯설었고, 몇몇 사람들끼리 식사하는 것이 아니라 한국의 팀들은 10~15명의 팀원들도 한꺼번에 식사를 한다는 것은 독특한 문화라는 생각이 들었다고 했다. 한국의 기업에 입사를 고려하는 외국인에게 하고 싶은 말은, 한국어를 배우라는 것이다. 한국어는 우리 회사에서 서로를 이

해하기 위한 필수적인 열쇠라고 했다. 또한, 한국인과 더불어 살고, 한국 문화에 함께 하는 것이 불편하다면 적응하기 힘들 것이라고 했다.

글로벌 비즈니스를 하고 있는 S사에 다니는 외국인 A씨는, 그 회사의 좋은 점은 외국인도 많이 근무하고 있는 회사이고, 외국인과 한국인이 잘 섞여서 지내고 있어 근무 분위기가 너무 좋고 자유롭고 편하다고 했다. 또한, 글로벌 비즈니스를 하는 회사이다 보니 외국인에 대한 거부감이 없이, 친절하게 잘 도와주어서 회사에서 일하는 것이 너무 좋다고 했다. 회사에서는 한국인과 외국인 모두에게 공평한 기회를 제공한다는 점과 외국인이라도 한국 후배들을 멘토링이나 코칭을 할 수 있도록 배려해 주는 점 등은 장기 근무를 할 수 있도록 동기부여해 주는 점이라고 했다.

한국에서의 행정 업무(연금업무, 보험 등)에 어려움이 많았는데, 회사 내에 외국인 임직원을 위한 글로벌 헬프 데스크(한국 정착, 생활정보 제공, 자녀교육 안내 등)가 있어 어려움을 해소할 수 있었다고 했다.

한국 기업에 입사를 고려하고 있다면 그 회사에 대한 정보를 되도록 많이 알아보고, 외국인에 대한 회사의 배려나 지원이 어떤 것이 있는지를 살펴보라. 그 회사에서 외국인에게 지원하거나 제공하는 제도나 시스템이 장기간, 그리고 성공적으로 일하는 데 매우 중요한 요소이다.

한국 기업에서 한국인과 성공적으로 일하기 위해서는 위의 내용을 명심하면 좋겠다.

이 외에도 다양한 외국인들이 한국의 기업 환경에서 성공적으로 적응하고 있으며, 그들은 다양한 분야에서 높은 업적을 이루고 있다. 한국 회사에서 적응하려면 언어 능력, 문화 이해, 협업 능력 등이 중요하며, 노력과 열정 또한 큰 역할을 한다.

이러한 사례들은 외국인들이 한국에서 성공적으로 적응하고 다양한 분야에서 활약할 수 있는 가능성을 보여준다. 한국에서 적응하려면 열정, 노력, 존중, 그리고 열린 마음이 중요한 역할을 한다.

외국인이 성공적으로 한국 회사에 정착하기 위해 노력하는 사례를 DBR(프리미엄 경영 매거진) 264호에서 소개한 내용을 중심으로 살펴보면 아래와 같다.

유능한 외국인 인재를 영입하고 관리하는 것은 한국 기업들이 겪는 문제 중 특히 어려운 부분이다. 한국 문화가 익숙지 않은 외국인 팀원들에게는 기존의 인재 관리 방식이 통용되지 않아서다. 연봉을 많이 주는 것도 절대적인 해결책이 되지 않는다. 외국인 인재들은 경제적 보상만큼이나 회사에 온전히 소속되고 자신의 전문성을 강화하는 과정을 중시한다. 이런 부분을 충족시키지 않은 채 연봉을 많이 지급하는 데만 치중하면 오히려 외국인 인재들의 퇴사율만 높일 수 있다.

한국은 1990년대부터 본격적으로 '세계화'를 외쳤다. 비슷한 시기에 대기업 그룹사를 필두로 해외 MBA 및 공대 석박사 졸업자, 특정 분야 외국인 전문가들을 대거 뽑기 시작했다. 해당 시기에 매출의 80~90% 정도가 해외에서 발생하거나 외국 기업을 인수하는 대기업 사례도 많아졌다. 이런 제반 여건들은 한국이 점차 글로벌 인재를 더 많이 활용해야 하는 환경으로 가고 있음을 시사했다.

하지만, 다양하고 우수한 해외 인재들을 끌어들이고 활용하는 측면에서 한국의 기업들은 아직 갈 길이 멀어 보인다. 한국 기업에서 실제 일해 본 외국인 인재들은 대체로 '한국 기업은 오래 다니기 어렵고 잠깐 거쳐 가며 경력을 쌓는 직장'으로 인식한다. 한국의 대기업들이 전략적으로 영입했던 외국인 임원들이 짧게 일하고 떠났다는 소식이 심심치 않게 들리는 이유다. 이런 문제점은 한 한국내의 그룹사에서 계열사 소속 외국인 인재 수십명을 대상으로 조사한 결과에서 잘 나타난다.

흥미로운 것은 급여나 복리 후생에 대한 불만이 없다는 것이다. 다른 애로점 때문에 상대적으로 낮을 수도 있지만 한국 기업에서 제공하는 보상이 나쁘지 않고 다른 나라에는 없는 복리 후생이 제법 많기 때문일 것으로 생각된다. 국내 대기업 및 중견기업에서 보편화된 대표적인 복지만 해도 아래와 같이 수십 가지가 된다.

- 각종 보험: 여행자 보험, 실손 보험, 생명 보험 등
- 의료, 건강 관리: 정기 건강검진, 입원 실비, 외래 실비, 사내 간호사, 심리 상담사 등
- 자기 계발 관련: 사내 도서관, 한국어 학원비, 사내 한국어 선생님, 헬스장 및 전문 트레이너 등

- 업무 편의 관련: 출퇴근 버스, 영업용 차량, 주유 카드, 택시비, 휴대폰 통화료 등
- 축하, 경조사 관련: 장기근속 포상, 생일/결혼/회갑/사망, 장례용품 지원 등
- Refresh 관련: 휴가비, 리조트 회원권 및 할인권 등
- 팀빌딩: 회식비, 콘서트/영화/페스티벌 입장권 등
- 가족, 생활 관련: 자녀 학비 지원, 사내 어린이집, 무이자 대출 등

오히려 놀라운 것은 이렇게 훌륭한 급여와 복지를 제공하는 데도 한국 기업이 외국인 인재들에게 인기가 높지 않다는 점이다. 인재들이 현재 직장을 선택한 이유를 묻는 질문에 대한 응답 순위 내용을 보면, 한국 외 다른 나라에서는 상위 5대 요인 중 '승진 기회''학습 기회' 등이 포함돼 있다. 외국 인재들은 월급을 많이 주고 복지만 좋은 것보다는 직장 생활을 통해 성장하고 배우는 것을 중요하게 생각한다고 해석할 수 있는 결과다.

DBR(프리미엄 경영 매거진) 264호

## 2. 한국인과 일하기 실패 사례 및 요인

외국인이 한국의 기업에서 일하면서 힘들었거나 적응에 실패한 사례를 소개하자면 아래와 같다.

네덜란드에서 회사 경험이 있던 외국인 G씨(네덜란드)가 한국에 와서 한국 기업에서 근무하고 난 후 퇴사한 사례(6년 이상 거주)를 살펴보자.

근무 경력보다는 능력을 우선시하는 문화권에서 살다가 온 그녀가 한국 기업에서 일을 경험해 보니 한국은 업무 경력을 더 우선시한다는 것을 보고 실망을 했고, 야근도 적지 않고 상대적으로 근무 시간이 긴 부분도 힘들었다고 한다. 특히 놀랍다고 한 것 중 하나는 "상사가 일을 지시했을 경우, 그 일에 대해 이유를 묻지 않고, 그냥 '알겠습니다'라고 하는 한국인들에 대해 너무 놀라웠다"라고 했다. 그럼에도 불구하고 그녀가 야근도

하고 아무 말 없이 일을 한 이유는 회사에서 체류비자가 나왔기 때문이라고 했다. 네덜란드로 돌아가게 된 가장 큰 이유는 한국인들은 너무 열심히 일을 해서 개인 시간이 없는 점을 보고 난 후 스스로 냉정하게 생각해 보니, 회사는 그녀가 6개월 동안 혼자서 일하도록 방치하였고, 모든 걸 본인 혼자 해결하도록 했다는 것을 느꼈기 때문이라고 했다. 반면에 그 회사 덕분에 혼자서도 잘 할 수 있다는 자신감도 생겼다는 자조적인 얘기도 했다. 한국의 조직 문화를 충분히 이해하고 난 후, 한국 기업에 지원하는 것이 실패하지 않는 직장 생활을 할 수 있는 기틀이 될 것이다.

또 한 사례는 Business Post의 기사 내용(2014년 8월 18일)을 참조해서 소개해 본다.

국내 굴지의 대기업 S사는 외국인 인재들이 떠날 때마다 '일신상의 이유'라고 했다. 하지만, 업계는 S사 특유의 조직 문화를 원인으로 꼽았다. S사는 '군대조직' 같다는 얘기가 나올 정도로 조직 문화가 경직되어 있다는 평가를 받는다. CEO가 한번 결정하면 별다른 토론 없이 즉시 실행에 옮긴다는 것이다. S사 출신의 외국계 IT기업 임원은 "아직까지 S사 임원의 상당수가 한국인이기에 이들과 어우러지는 데 문화적 차이가 커 어려움이 있었다"고 했다.

포브스 코리아는 "서양은 능력 중심으로 기업이 움직이는데 한국은 CEO 한 사람이 절대적 영향력을 발휘하는 오너 경영 체제"라며 "이런 점은 외국인이 이해하기 힘든 부분일 것"이라고 분석했다.

한국 기업에서 5년 동안 일했던 한 외국인은 "한국 직원들은 뛰어난 능력을 업무에 쏟지 않고 윗사람에게 잘 보이는 데 치중한다"고 말했다. 이런 점들도 외국인 인재들이 적응하는 데 어려움이었을 것으로 보인다.

외국인 임원들이 더 높은 자리로 올라갈 가능성이 낮은 점도 S사를 떠나는 데 영향을 끼친 것으로 보인다. 외국인 인재들은 한국 문화를 이해하려는 노력보다 한국에서 경력을 쌓고 다시 본국으로 돌아가려 한다는 것이다.

실적에 대한 과도한 스트레스도 한 요인이다. 한 전문가는 "외국인 임원은 무에서 유를 만들어 내는 사람이 아니라 새로운 시각에서 앞선 것들을 얘기해 주는 사람"이라며 "기업이 조급하게 눈에 보이는 성과만 기대하면 실망할 수 있다"고 말했다.

Business Post, 2014년 8월 18일

미국의 조사 전문 업체가 실시한 전 세계 기업에 대한 평가 내용 중 한국 기업에 대한 내용을 소개해 보면 아래와 같다.

미국의 취업 정보 사이트 글래스도어는 현재 근무 중이거나 전(前)직원들이 기업에 대해 솔직한 리뷰를 올리는 것으로 유명하다. 현재까지 550만 개의 리뷰가 등록돼 있다. 글래스도어는 '투명함'을 강점으로 내세운다. 모든 리뷰가 익명으로 처리되기 때문이다.

평점은 기업문화와 가치, 일과 삶의 균형, 상사(관리자), 보상과 복지, 경력 기회 등 5가지 부문으로 나뉜다. 경력 기회는 자신의 경력을 활용해 더 좋은 직장으로 옮길 기회를 말한다. 해당 기업의 평점은 매우 불만족(1점)에서 매우 만족(5점)까지 1~5점이 매겨진다.

글래스도어가 평가한 국내 기업의 평점은 어떨까? 국내 40대 대기업 평점 평균은 3.2점으로 중소기업을 아우른 전 세계 30만개 기업의 평균 수준(3.2)이다. 국내에서는 연봉이 비교적 높고 복지가 잘 갖춰져 있는 대기업들이 글로벌 기준으로는 그저 그런 회사라는 점이다.

한국 기업에서 일해 본 외국인 직원들은 '일과 삶의 균형' 부문에서 대체로 낮은 점수를 줬다. 바로 '야근' 때문이다. 외국인 직원들은 한국에서는 보편화된 야근에 대해 대부분 거부감을 표시했다. 이들은 하루에 너무 오랜 시간 회사일에 매달리다 보니 개인의 삶이 뒷전으로 밀렸다고 말한다.

외국인 직원들 사이에서 한국인들의 비효율적인 시간 관리는 유명하다. 제대로 쉬지 못하니 창의적인 아이디어가 발현되지 못하고 직장에서 쌓인 스트레스와 피로를 풀기도 어렵다는 불만도 쏟아졌다.

외국인 직원들은 한국의 직장 문화가 꽉 막히고 경직됐다는 점도 지적했다. 상사와 자유롭게 의견을 주고받지 못하고 아예 대꾸조차 못하기 때문이다. 심지어 한국 회사를 '군대'에 비유하기도 한다. 시키는 일만 하는 한국의 직장 문화가 군대처럼 보이는 것은 어쩌면 당연하다.

한국에서 4년간 근무한 경험이 있다고 밝힌 M씨는 "한국 기업은 위아래 사람들 간의 상명하달식 의사소통과 엄격함이 강하다"고 말했다. 그는 "한국 사람들은 너무 바쁘다는 인상을 준다고 생각한다"고 했다.

따뜻한 '정(情)'이 스며들어 있는 직장 문화는 외국인 직원들이 한국 기업 특유의 장점으로 꼽는 부분이다. 이들은 한국인들이 직장 동료를 '가족'처럼 대한다고 말한다. 함께 밥을 먹고, 술을 마시는 것은 물론 주말에도 함께 여가 활동을 즐기며 친목을 다진다는 것이다.

'선후배 문화' 역시 한국만이 가지는 독특한 직장 문화로 소개됐다. 선배가 후배를 붙잡고 하나부터 열까지 가르치고 충고하는 기업문화가 그들에게 신선하게 보이는 것이다.

깔끔하고 쾌적한 업무 환경, 식사비와 교통비를 지원해 주는 복지제도 등에 대해서는 만족도가 높았다. 미국, 유럽의 글로벌 기업에 비하면 낮은 편이지만 아시아권에서는 연봉을 비교적 많이 주는 것도 장점으로 꼽혔다.

결국 외국인들은 한국 기업 안에서 오랫동안 이어져 온 수직적인 조직 문화와 과도하게 업무 지향적인 문화에 대해서는 받아들이지 못하고 있다. 한국 기업이 신경 써야 할 대목이다.

핵심만 전달하면 된다고 생각하는 외국인은 한국인들보다 문서화 작업 능력이 떨어진다. 디테일이 강한 한국인들은 보고서를 작성할 때 작은 것 하나도 그냥 놓치지 않고 꼼꼼하게 작성한다. 심지어 글씨체, 글자 크기, 보고서 디자인, 프레젠테이션 페이지를 넘길 때 효과음까지도 신중하게 선택한다. 한국에서는 무엇을 잘한다고 인정받으려면 문서 작성 능력도 매우 중요하다 할 수 있다.

회사마다 다르겠지만, 한국 회사는 최종 결재까지 결재라인이 긴 편이다. 직속 상사와 팀장님 결재를 거쳐 부장님, 본부장님, 상무님, 전무님, 부사장님, 사

**표 7-1 외국인 직원들의 한국 직장에 대한 평가**

| "이런 점이 좋아요" | "이런 점은 나빠요" |
|---|---|
| • 좋은 동료들과 매우 가깝게 지내며 일했다. 마치 가족 같다고 느꼈다. (아시아나항공)<br>• 멘토를 많이 만날 수 있었다. (LG전자)<br>• 사람들이 친절하고 협조적이다. 가족처럼 일한다. (현대중공업)<br>• 고용이 매우 안정적이다. (포스코)<br>• 경쟁사에 비해 연봉이 상당히 높다. 회사에서 숙박비, 식사비, 교통비를 모두 지원해 준다. (삼성전자) | • 좀비 월드 같다. 직원들이 아무 생각 없이 좀비처럼 회사를 떠돈다. (S전자)<br>• 술을 많이 마시고 주말에 일하는 등 아직도 뒤떨어진 문화를 고수한다. (H자동차)<br>• 한국인들은 불만을 말하지 않는다. 일하는 내내 갇혀 있다는 느낌이 들었다. (A항공)<br>• 직장이 군대 같다. 매니저가 뭐라고 말하든 무조건 따라야 한다. 이유를 물어보거나 질문을 할 수 없다. (L전자) |

장님까지, 수많은 결재 라인을 거쳐 결국 결정은 사장님이 원하시는 대로 된다는 얘기가 있을 정도이다. 하지만, 직위가 높은 사람의 결정권이 매우 크다 보니 그에 따른 일처리 속도는 무지 빠를 수 있다. 다양한 의견을 수렴하고 진행하는 것이 좋기도 하지만 빠른 업무 진행의 한국의 조직문화도 때로는 좋은 결과로 이어지기도 한다.

한국에서는 신입직원이 들어오면 직속 상사가 업무를 가르쳐 주며 회사에 잘 적응할 수 있도록 도와주곤 한다. 팀장님이나 부장님과의 면담을 통해 앞으로 어떠한 업무를 하고 싶은지, 어떻게 커리어를 쌓고 싶은지를 이야기하고 조언을 받기도 한다. 하지만 외국 회사는 완전한 개인플레이다. 스스로 커리어 패스를 짜고 능동적으로 업무를 찾아서 해야 한다.

한국에서는 잦은 야근과 회식으로 하루 중 가장 오랜 시간을 같이 하는 사람이 직장 동료이다 보니 자연스럽게 회사 사람들과 가까워지고 다양한 이야기를 공유하게 된다. 집 이사 문제, 휴가 계획, 심지어 어떨 때는 개인 연애사까지, 퇴근 후에는 고기에 소주잔을 기울이면서 회사 불평도 하고 파이팅도 하며 전우애 같은 동료애를 쌓기도 한다. 한국의 '정'문화, 한국 회사의 '한 팀' 문화가 좋은 측면도 있다.

# 참고문헌


Hofstede, G., & Hofstede, G. J. (2005). *Cultures and organizations: software of the mind*. New York, NY: MaGraw Hill.

Lee, S. S. (2004). A needs analysis from the perspective of Korean expatriates working for a Korean global corporation. University of Texas at Austin, Unpublished doctoral dissertation.

Lee, S. S. (2005). A needs analysis form Korean expatriates with expatriate working experience of 1 year or less in a Korean global corporation. *Andragogy Today: Interdisciplinary Journal of Adult and Continuing Education*, 8(1), 57–93.

Briscoe, D. R. (1995). *International human resource management*. Englewood Cliffs, New Jersey: Prentice Hall.

Dowling, P. J., Welch, D. E., & Schuler, R. S. (1999). *International human resource management: Managing people in a multinational context*. Cincinnati, Ohio: South–Western College Publishing.

### 박성민

박성민은 토종 한국인이다. 한국에서 태어났고 한국에서 학교를 다녔다. 전공도 경영학이 아니었다. 연세대에서 교육학을 공부하였고 대학원에서 산업교육과 인적자원개발로 석·박사를 받았다. 그러다가 그의 시각이 바뀐 사건은 김우중 전 대우회장의 저서 <세계는 넓고 할 일은 많다>라는 책을 읽고 나서였다. 90년대에는 그다지 인기가 없었던 교환학생을 지원하여 가게 되면서 그의 글로벌 활동이 시작되었다. 생전 처음 낯선 나라에서의 경험은 전형적인 토종 한국인이었던 그에게 외국어와 세계지리 및 역사, 외국사람에 대한 관심을 증폭시켰다. 이후 그는 해외로 나갈 기회가 생기면 여행이든 출장이든지 가리지 않고 적극적으로 해외로 돌아다니기 시작했다. 지금까지 여행과 출장으로 전 세계 46개국을 돌아다닌 경험이 있다. 다양한 외국인들과 일을 하거나 친구로 교제 중이다.

격변기의 IMF에 20대 중후반을 보내면서 국책 연구기관과 공공기관을 거쳐 중국에서의 해외파견 생활을 거친 후 미국계 글로벌 컨설팅회사에 근무하다 현재는 배화여대 비서행정과에서 경영학과 국제시사경제 등을 강의하며 연구하고 있다. 하지만 그의 강의는 학교에서보다 기업에서 더 인기가 있다. 현재에도 삼성전자, 현대자동차, LG화학, 제일기획, SK네트웍스, SK 이노베이션, SK 하이닉스, 롯데, 아모레퍼시픽, 금호건설, 대우건설, 현대엔지니어링, 한국타이어, 동서발전, 동부대우전자, KT&G, 한국관광공사, SPC그룹 등 다양한 산업과 기업에서 해외로 파견되는 해외주재원들의 그의 강의를 듣고 그와 교류하고 있다. 현재 그가 가장 자랑하고 있는 것은 전 세계로 파견된 해외주재원들의 명함들로 그는 어느 국가를 가든 항상 지인을 만날 수 있다고 자랑하고 있다. 지금도 그는 학생이 되었건 직장인이 되었건 간에 누구에게나 여행이든 업무든 해외로 갈 것을 권유하고 있는 행복한 글로벌 전도사이다.

### 홍희경

고려대학교 사회학과, KAIST 과학저널리즘 대학원(석사과정)을 졸업하였다. 교육행정 전공 박사학위 과정 중이다.

신문기자로 20여 년 동안 일했다. 규제개혁, 상징입법, 로비스트 제도, 세대 특성 등에 관심을 갖고 관련 기사를 꾸준히 썼다. 기자로서 보는 현장에 맞게 법 체계와 규범이 설정되어 있는지를 감시하는 차원에서 관심을 두게 되었는데, 자연스럽게 한국의 규범 체계가 갖춰진 맥락에 관심을 갖게 되었다.

과거 1960년대 설계된 법령과 행정 체계를 유지시키며 그로 인해 경쟁우위를 지닌 독과점 기업이 존재하는 산업 생태계를 엮은 <노다지 주식회사>를 2015년 썼다. 거의 항구적으로 유지되는 독과점 생태계에 대한 비판 의식을 담아 책을 썼지만, 이후 글로벌 경쟁 체제에서 한국적 산업 생태계가 지닌 경쟁력이나 한국 특유의 제도개편 방식의 가치에 대해 새롭게 눈뜨게 되었다. 이후 한국의 규범, 제도, 문화, 사회가 발전하는 양상을 기록하는 일에 관심을 두고 본서 집필에 참여하였다.

김성탁

환경 공학 전공자로 KIST(한국과학기술연구원)에서 연구원으로 근무한 뒤, KMA(한국능률협회)로 옮겨 근무한 지 올해로 25년차인 회사 직장인이다. 다양한 나라의 국가기관과 연구소, 그리고 학교 등에서 근무하던 외국인 과학자들이 한국으로 초청되어 KIST 연구원내에서 함께 근무하였는데, 그들과 함께 근무하면서 그들 나라의 문화나 정서 등에 대한 이해와 더불어 관점의 전환을 얻을 수 있었다. 또한, 한국의 토종 기업뿐만 아니라 한국으로 진출한 글로벌 기업들에서 근무하고 있는 많은 외국인 회사원들과도 두루 만날 수 있는 기회를 KMA에서의 직장생활을 통해 가질 수 있었다. KMA는 외국인과 함께 일하고 있는 한국의 직장인뿐만 아니라 한국 기업에서 일하고 있는 외국인 직장인들을 대상으로 조직 생활에서 필요한 다양한 교육 과정을 운영하고 있기에, 그 만남의 기회도 나에게는 매우 소중했다. 그러한 좋은 기회를 바탕으로 본서를 통해 여러분을 만날 수 있게 되어 감사할 따름이다.

환경 분야에서 저명한 전과정평가 시뮬레이션 S/W의 글로벌 파트너(네덜란드 암스테르담의 본사가 있는 PRe Consultants.사)로 25년간 역할(한국 파트너)을 하면서, 유럽 및 전세계의 다양한 글로벌 파트너들과 업무를 함께 하면서 그들의 업무 스타일이나 문화적 차이에 대한 경험도 직접 겪어 본 바 있다.

KLPGA(한국여자프로골프협회)의 교육분과위원, 인사혁신처 민간 전문가 면접평가위원, KCA 코치협회 KPC 인증코치, 한국기업교육학회 부회장 등의 다양한 활동을 통해서 다양성과 이해도를 높이는 관례 역량의 제고를 위한 노력을 꾸준히 하고 있다.

공저로는 아세안 10개국 주재원들과 함께 작업한 <ASEAN 주재원이 바라본 진짜 아세안: 우리가 모르던 동남아시아>가 있다.

Working with Koreans

초판발행 2024년 3월 10일

지은이 박성민 · 홍희경 · 김성탁
펴낸이 노 현

편 집 전채린
표지디자인 이수빈
제 작 고철민 · 조영환

펴낸곳 ㈜ 피와이메이트
서울특별시 금천구 가산디지털2로 53, 210호(가산동, 한라시그마밸리)
등록 2014. 2. 12. 제2018-000080호
전 화 02)733-6771
f a x 02)736-4818
e-mail pys@pybook.co.kr
homepage www.pybook.co.kr
ISBN 979-11-6519-978-4 13380



정 가 17,000원